Crea Una Riqueza Infinita: Principios, Hábitos Y Estrategia Mental Para Crecer Sin Techo

Noa Prexton

Indice

Introducción: Riqueza Infinita, Sistema Real 6
Capítulo 1 — Tu Mapa del Dinero 11
Capítulo 2 — Principios que Multiplican.. 26
Capítulo 3 — Hábitos de Riqueza Diaria . 39
Capítulo 4 — Sube Ingresos con Palancas 52
Capítulo 5 — De Ingresos a Activos 65
Capítulo 6 — Riesgo, Protección y Antifrágil 77
Capítulo 7 — Estrategia Mental para No Caer 89
Capítulo 8 — Entorno, Red y Oportunidad 101
Conclusión: Plan 30-60-90 Sin Techo 114

Promesa al lector

Este libro no te promete un truco, ni una cifra mágica, ni una "clave" que supuestamente cambia tu vida de un día para otro. Te promete algo más difícil y, justamente por eso, más real: vas a construir un sistema. Un sistema completo, mental y práctico, para aumentar tus ingresos, convertirlos en activos y sostener ese crecimiento con calma, criterio y continuidad. Un sistema que no depende de una motivación momentánea, ni de un golpe de suerte, ni de una racha de disciplina perfecta que dura dos semanas y después se cae. Un sistema que funciona incluso cuando estás cansado, cuando dudas, cuando el mercado cambia, cuando no te sientes inspirado, cuando la comparación con otros te pica por dentro o cuando el miedo te pone excusas con voz convincente.

La promesa es concreta: al terminar estas páginas vas a tener principios claros para decidir con menos ruido y más dirección. Vas a conocer hábitos diarios, no como rituales vacíos, sino como acciones pequeñas que se acumulan y te vuelven más fuerte en lo que importa. Vas a salir con una estrategia que une crecimiento y serenidad, porque la riqueza que se construye a golpes suele romperse igual de rápido. Aquí la idea es distinta: crecer sin perderte. Ganar más sin convertirte en esclavo de tus ingresos. Invertir sin jugar a la ruleta. Mejorar sin vivir en guerra contigo mismo.

También te prometo honestidad sobre el camino. Construir riqueza sostenible no es glamuroso, pero sí es liberador. No es un sprint; es una composición. No se trata de "merecer" dinero por desearlo, sino de entender cómo se crea valor, cómo se captura una parte de ese valor, y cómo se protege y multiplica con el tiempo. Vas a aprender a separar el ruido de las palancas. A distinguir una oportunidad de una distracción. A tomar decisiones con datos simples, repetibles, y con una mentalidad orientada a largo plazo. Y, sobre todo, vas a aprender a no romper tu propio progreso por impaciencia.

Si aplicas lo que vas a leer, no solo vas a mejorar tu relación con el dinero; vas a mejorar tu relación contigo. Porque el dinero, al final, amplifica lo que ya existe: tus hábitos, tus miedos, tus impulsos, tu claridad o tu confusión. Por eso el "sistema operativo de riqueza" empieza por dentro y termina por fuera. No para hacerte perfecto, sino para hacerte consistente. Y con consistencia, la riqueza deja de ser un techo y se convierte en un horizonte.

Introducción: Riqueza Infinita, Sistema Real

Hay una pregunta que mucha gente se hace en silencio y que casi nadie formula con precisión: "¿Por qué sigo igual, aunque trabajo, aunque lo intento, aunque aprendo cosas?" La respuesta rara vez está en la falta de información. Hoy hay más contenido sobre dinero, inversión y emprendimiento que en cualquier época. La respuesta suele estar en otra parte: en las decisiones pequeñas que se repiten, en la forma en que interpretas el riesgo, en cómo usas tu atención, en la calidad de tus hábitos, en tu entorno y en la ausencia de un sistema que sostenga tu avance cuando la emoción baja. Este libro nace para darte eso: un sistema real. No una idea inspiradora, sino una arquitectura. No una promesa brillante, sino un proceso que se compone con el tiempo.

Cuando digo "Riqueza Infinita" no estoy hablando de una cuenta bancaria que sube sin límite como si el universo te premiara por pensar en positivo. Estoy hablando de un juego distinto: el juego de construir un proceso que no tiene techo, porque no se basa en un número final. No es "llego a X y se acabó". Es "me convierto en alguien que sabe crear, proteger y multiplicar valor de forma repetible". En ese sentido, la riqueza sin techo es una consecuencia, no un objetivo aislado. Es como entrenar un músculo: puedes levantar más peso no porque un día encontraste la rutina secreta, sino porque durante meses o años repetiste lo esencial, ajustaste lo que no funcionaba, y mantuviste el hábito incluso cuando no había aplausos.

El mito más caro en el mundo del dinero es el de la fórmula secreta. A veces viene disfrazado de "la estrategia de inversión infalible", otras veces de "el negocio perfecto", otras de "la mentalidad exacta", como si una frase pudiera reemplazar una vida de decisiones. Ese mito tiene dos problemas. El primero es que te pone a buscar afuera lo que necesitas construir adentro: tu sistema. El segundo es que te vuelve adicto al atajo. Y cuando te vuelves adicto al atajo, empiezas a despreciar lo lento, lo simple y lo repetible, justo lo que más funciona.

La mayoría se queda estancada por razones que parecen pequeñas, pero son devastadoras cuando se repiten. Decisiones mínimas tomadas en automático. Gastos que se justifican con cansancio. Compras que calman una emoción, pero crean una deuda invisible: la deuda de la oportunidad perdida. Horas que se evaporan en scroll, en conversaciones sin dirección, en tareas que se sienten productivas pero no mueven la aguja. Miedo a equivocarse, que lleva a no decidir. O decisiones impulsivas, que llevan a arrepentirse y luego a paralizarse. Comparación constante, que hace que tu vida se sienta atrasada incluso cuando estás avanzando. Y, sobre todo, falta de sistema: la ausencia de una estructura que convierta lo que sabes en lo que haces.

Este libro rompe ese mito de raíz. Te va a enseñar el juego real. Y el juego real se resume así: no ganas por saber más, ganas por ejecutar mejor lo esencial, durante más tiempo, con un método que se adapta. La riqueza sostenible se compone como una melodía: notas simples que, juntas, construyen algo grande. El que intenta tocar una sinfonía con un solo golpe al piano se frustra. El que aprende compás por compás, se vuelve músico. Aquí, el objetivo es que te vuelvas "músico" del dinero: capaz de crear ingresos, convertirlos en activos, gestionar riesgo y sostener consistencia, sin depender de tu estado de ánimo.

Ahora bien, un sistema no es un mantra. Un sistema es un mapa con piezas claras. Por eso, este libro está diseñado como un "sistema operativo de riqueza" que se instala por capas. Primero, la mentalidad. No como pensamiento mágico, sino como tus reglas internas de decisión: cómo interpretas el dinero, el tiempo, el valor y el riesgo. Sin esa base, cualquier estrategia se vuelve frágil, porque la mente sabotea lo que no entiende o lo que teme.

Luego vienen los hábitos, porque la riqueza se sostiene con lo que haces a diario, no con lo que planeas una vez al año. Después, las palancas de ingreso: aprenderás a identificar las acciones que aumentan tus ingresos sin multiplicar tu estrés en la misma proporción. Más adelante, el paso clave que mucha gente evita: convertir ingresos en activos. No se trata solo de ganar más; se trata de no perder lo ganado en el estilo de vida, y de poner a trabajar parte de tu dinero para que el tiempo se vuelva tu aliado.

A medida que avanzamos, entra el tema que separa fantasía de realidad: el riesgo. Porque donde hay crecimiento, hay incertidumbre. Pero incertidumbre no significa caos. Un sistema real no elimina el riesgo; lo encuadra, lo mide, lo limita y lo usa con inteligencia. Te voy a mostrar cómo pensar el riesgo sin pánico y sin arrogancia, cómo distinguir una apuesta de una inversión, y cómo evitar los errores que no te enseñan nada, los que solo te dejan sin capital y sin energía. Luego hablamos de consistencia, que es la parte menos celebrada y más poderosa. La consistencia no es una emoción; es una identidad construida. Y finalmente, el entorno: porque tu sistema, por fuerte que sea, sufre si vives rodeado de estímulos y relaciones que te empujan en la dirección contraria. No se trata de aislarte del mundo, sino de diseñarlo: tus rutinas, tus conversaciones, tus fuentes de información, tus estándares.

Cada capítulo agrega una pieza. No necesitas perfección para avanzar; necesitas progreso medible. Y esa frase es más que bonita: es una manera de quitarte peso de encima. Mucha gente abandona porque cree que si no puede hacer todo, no vale la pena hacer nada. Esa mentalidad es una trampa que beneficia al estancamiento. Aquí vamos a hacer lo contrario: vamos a construir un sistema que funciona con el mínimo viable, y luego lo refinamos. Porque un sistema útil es el que puedes sostener.

También quiero poner límites responsables desde el principio. Este libro es educación. Es un marco mental y práctico para que pienses mejor, decidas mejor y ejecutes mejor. No es asesoramiento financiero individual, y no pretende conocer tu situación exacta, tus obligaciones o tu tolerancia real al riesgo. Cada país tiene impuestos, reglas y realidades distintas. Lo que en un lugar es simple, en otro es complejo. Lo que en una etapa de vida es apropiado, en otra puede ser peligroso. Por eso, mi propuesta es que leas este libro con criterio y que uses lo que te sirva como base para tomar decisiones informadas, idealmente con apoyo profesional cuando corresponda. La responsabilidad última, como debe ser, es tuya.

Para evitar que esto se quede en inspiración, vamos a trabajar con un experimento de 30 días. No como un reto agresivo ni como un acto de fe, sino como un laboratorio personal. Treinta días son suficientes para ver patrones, para sentir fricción, para ajustar hábitos y para medir avances sin que el entusiasmo inicial sea la única gasolina. Vas a usar métricas simples, porque lo simple se sostiene. Vas a observar tu ahorro, aunque sea pequeño, porque el ahorro no es solo dinero guardado: es evidencia de control. Vas a medir tus ingresos, no para obsesionarte, sino para identificar qué acciones los mueven. Vas a registrar decisiones clave: esas en las que dices sí o no a gastos, a oportunidades, a hábitos, a conversaciones. Y vas a revisar tus hábitos como quien revisa el rumbo de un barco: con calma, con honestidad, sin drama.

Quiero que entres en modo acción con expectativas realistas. Habrá días fáciles y días torpes. Habrá semanas en las que sientas claridad y otras en las que todo parezca lento. Eso no es señal de fracaso; es parte del proceso. La diferencia es que ahora tendrás una estructura para no perderte en esos cambios de ánimo. Un sistema real no exige que siempre te sientas fuerte. Solo exige que vuelvas al plan, que ajustes con inteligencia, y que no te traiciones con decisiones pequeñas repetidas.

Si has llegado hasta aquí, probablemente ya intuyes algo: no estás buscando solo dinero. Estás buscando libertad, paz, margen, opciones. Estás buscando respirar sin sentir que cada imprevisto te empuja al borde. Estás buscando construir algo que dure. Este libro es para eso. Para pasar de la esperanza a la estructura. De la improvisación a la estrategia. De la ansiedad financiera a una calma que no depende de la suerte, sino de tu sistema.

Bienvenido a Riqueza Infinita. Empezamos por lo único que no se compra: tu manera de decidir. Luego, paso a paso, convertimos esas decisiones en resultados. Y esos resultados, en activos. Y esos activos, en continuidad.

Capítulo 1 — Tu Mapa del Dinero

El guion invisible: creencias heredadas que deciden por ti

Hay un momento incómodo, pero liberador, en el que te das cuenta de que muchas de tus decisiones con el dinero no son exactamente "tuyas". No en el sentido moral, como si alguien más te obligara a comprar o a gastar, sino en un sentido más fino: tu reacción automática frente al dinero, tu impulso ante una oportunidad, tu resistencia a ahorrar, tu pánico ante el riesgo o tu despreocupación excesiva, a menudo nacen de un guion que aprendiste antes de aprender a escribir tu propio criterio. Ese guion puede venir de tu familia, de tu entorno, de experiencias tempranas, de lo que escuchaste en casa cuando había tensión por cuentas y facturas, o de lo que viste sin que nadie te lo explicara. Y lo más peligroso del guion no es que exista, sino que opere sin permiso, como si fuera la voz de la realidad.

A eso le llamo tu mapa del dinero. No es un Excel. No es un presupuesto. Es el conjunto de creencias, miedos, frases repetidas, historias y asociaciones emocionales que te dicen qué significa tener dinero, qué significa perderlo, quién "merece" ganarlo, y qué se supone que pasa cuando lo tienes. Ese mapa funciona como un GPS interno: no te grita "haz esto", solo te empuja con sutileza hacia ciertas rutas y te hace evitar otras. Y si no lo revisas, puedes trabajar mucho, ganar más, incluso invertir, y aun así quedarte atrapado en patrones que se repiten con nuevos números.

Dos creencias heredadas son especialmente comunes porque suenan a sabiduría y, sin embargo, suelen esconder un bloqueo. La primera es "el dinero corrompe". La segunda es "yo no soy bueno para los números”. No son las únicas, pero son perfectas para entender cómo un guion invisible se convierte en comportamiento visible.

Cuando alguien crece escuchando que el dinero corrompe, rara vez interpreta la frase como una advertencia matizada sobre el poder o la avaricia. El cerebro la traduce en algo más simple: dinero igual a peligro moral. En la práctica, eso puede hacer que ganar más se sienta sucio, o que la ambición se confunda con egoísmo, o que la prosperidad se viva con culpa. Y la culpa tiene un talento especial: te hace sabotearte con una elegancia silenciosa. Quizá te sorprendes gastando de más justo después de un buen mes, como si “no fuera correcto” conservar tanto. Quizá evitas pedir un aumento aunque lo mereces, no porque no quieras mejorar tu vida, sino porque una parte de ti cree que destacar económicamente te vuelve sospechoso. Quizá te incomoda hablar de precios, negociar, vender, o poner límites, porque el guion te susurra que el dinero y la ética no pueden convivir.

Esa creencia afecta el gasto de maneras curiosas. Si el dinero “corrompe”, entonces gastarlo rápido se vuelve casi una purificación: no te quedas con “demasiado”, no te conviertes en “esa persona”, no te arriesgas a ser visto como alguien frío o materialista. También afecta el ahorro, porque ahorrar es, en cierto modo, aceptar que quieres tener más margen futuro. Y si el guion lo interpreta como acumulación peligrosa, tu sistema nervioso lo resiste. Incluso el riesgo queda distorsionado: puedes evitar inversiones sensatas por desconfianza hacia “el mundo del dinero”, pero al mismo tiempo tomar riesgos tontos en compras impulsivas o en decisiones sin análisis, porque en el fondo no te sientes responsable de hacer que el dinero crezca. Es como si dijeras: “yo no juego ese juego”. El problema es que el juego igual se juega, con o sin tu participación. Y si tú no lo juegas con conciencia, lo juegas con consecuencias.

La segunda creencia, “no soy bueno para números”, parece inocente, casi una descripción humilde. Pero suele ser una profecía que se cumple porque te ofrece una salida rápida: si no eres bueno para números, entonces no tienes por qué mirar tus cuentas, no tienes por qué aprender, no tienes por qué entender qué te conviene. Es una etiqueta que te quita responsabilidad con un tono de resignación. Y esa resignación se filtra en tres áreas clave: gasto, ahorro y riesgo.

En el gasto, se ve cuando compras sin comparar, cuando aceptas suscripciones que no usas, cuando evitas mirar el estado de cuenta porque te da ansiedad. No es pereza; a veces es protección. Ver números te confronta con decisiones y con realidades. Si tu identidad ya decidió “esto no es lo mío”, entonces mirar es como intentar hablar un idioma que te juraste que nunca vas a aprender. En el ahorro, la creencia te vuelve inconsistente: ahorras cuando te acuerdas, cuando sobra, cuando estás de buen humor. Pero el ahorro, para ser útil, no puede depender del ánimo. Tiene que ser parte del sistema, como cepillarte los dientes. Y en el riesgo, esa creencia es especialmente cara: te vuelve vulnerable a dos extremos. O evitas cualquier inversión por miedo a equivocarte, o delegas ciegamente en alguien más, o te lanzas a lo que suena bien porque “total, yo no entiendo de esto”. En ambos casos, el guion decide por ti.

Ahora viene la parte más importante: la creencia no es el problema por sí sola. El problema es que se confunde con la verdad. Las creencias heredadas tienen ese truco: llegan temprano, cuando aún no tienes herramientas para evaluarlas. Se instalan como hechos, como si fueran leyes físicas. Pero una creencia es, muchas veces, una conclusión emocional basada en un contexto limitado. Un niño que ve discusiones por dinero puede aprender que el dinero trae conflicto. No es una mentira, es una interpretación. Un adolescente que se siente humillado en clase de matemáticas puede concluir que “no es bueno para números”. No es un diagnóstico, es una cicatriz. El sistema real empieza cuando separas tu historia de tu identidad. No para negar lo que pasó, sino para dejar de vivir con un mapa dibujado por otras manos.

¿Cómo detectas el guion que manda sin permiso? No hace falta un drama. Hace falta observar con precisión. El guion se revela en frases internas que aparecen justo antes de una decisión. Es ese pensamiento rápido que parece obvio: "Me lo merezco", "Si no lo compro ahora, me lo pierdo", "Después me organizo", "Invertir es para gente rica", "Es tarde para mí", "Yo soy así", "El dinero cambia a las personas", "Si gano más, tendré más problemas". No siempre suenan negativos. A veces son seductores. A veces vienen con un aire de lógica. Pero si los miras de cerca, muchas de esas frases no describen la realidad; describen tu programación.

Piensa en un ejemplo sencillo: alguien recibe un ingreso extra. El hecho es neutro. Pero el guion lo interpreta. Si el guion es culpa, ese ingreso se transforma en incomodidad. La incomodidad busca salida y la salida puede ser gasto. Si el guion es escasez, el ingreso se transforma en ansiedad: "Esto no durará". Y la ansiedad puede llevar a aferrarse o a tomar decisiones impulsivas para "aprovechar". Si el guion es merecimiento frágil, el ingreso se convierte en una prueba: "A ver si soy capaz de sostenerlo". Y esa presión puede sabotear. El patrón no está en el número; está en la interpretación. Por eso, el objetivo de esta sección no es que cambies tu vida en un día, sino que veas el mecanismo. Cuando ves el mecanismo, ya no eres solo el resultado; eres el observador del proceso.

Hay otro lugar donde el guion se delata: tus excusas favoritas. Las excusas suelen ser creencias disfrazadas de razones. "No ahorro porque la vida es cara" puede ser real, pero a veces significa "ahorrar me hace sentir que me estoy privando". "No invierto porque es arriesgado" puede ser sensato, pero a veces significa "si me equivoco, confirmo que no soy capaz". "No miro mis cuentas porque me estresa" muchas veces significa "me da miedo enfrentar que estoy perdiendo control". El guion se protege a sí mismo. Si lo cuestionas, se defiende. Por eso, no se trata de pelear con tu mente, sino de entender sus tácticas.

Un método práctico, y muy humano, para detectar tu guion es revisar tus tres reacciones más comunes: cómo reaccionas cuando ganas, cuando pierdes y cuando tienes que decidir. Cuando ganas, ¿sientes alivio, euforia, culpa, miedo, obligación? Cuando pierdes o gastas de más, ¿te castigas, lo niegas, lo justificas, lo corriges? Cuando tienes que decidir, ¿te paralizas, improvisas, postergas, delegas? Esas reacciones son huellas. Y las huellas cuentan una historia. No dicen "eres malo con el dinero", dicen "así aprendiste a relacionarte con él".

Lo poderoso de ver el patrón es que te devuelve opciones. Si entiendes que "el dinero corrompe" en tu mente no es una verdad universal sino un miedo heredado, entonces puedes reescribirlo con una idea más precisa: el dinero amplifica. Amplifica lo que ya eres. Puede amplificar la generosidad o la vanidad. Puede amplificar la libertad o el caos. El dinero no es el autor de tu carácter; es un instrumento que lo hace más audible. Y si entiendes que "no soy bueno para números" no es un destino sino una historia, puedes reemplazarla por una identidad funcional: "Estoy aprendiendo a ser claro con mis números". No necesitas ser un genio. Necesitas ser constante con lo básico. La claridad financiera no es talento; es práctica.

Aquí hay un punto que muchos pasan por alto: tu relación con el riesgo es casi siempre emocional antes que racional. Si tu guion te dice que el mundo es inseguro, cualquier fluctuación se siente como amenaza. Si tu guion te dice que solo vales cuando aciertas, entonces cualquier posibilidad de error se vuelve insoportable. Y si tu guion te dice que el dinero es "para otros", entonces el riesgo puede volverse un modo de confirmar tu lugar: o no te arriesgas para no entrar al juego, o te arriesgas sin estrategia para demostrar que “igual da”. En ambos casos, el guion se sale con la suya: mantiene tu identidad intacta, aunque eso te cueste oportunidades.

La meta de este primer paso no es que te culpes por tus creencias. Es que las veas con una mezcla de firmeza y compasión. Firmeza para no seguir obedeciéndolas sin preguntarte si te sirven. Compasión para entender que, en su momento, quizá te protegieron. Algunas creencias nacieron para darte seguridad, para encajar, para no sentirte menos, para sobrevivir a un entorno difícil. Pero lo que te protegía entonces puede limitarte ahora. Y la madurez financiera consiste en elegir conscientemente qué ideas te acompañan y cuáles se quedan atrás.

A partir de aquí, tu mapa del dinero deja de ser un misterio. Empieza a ser un documento vivo. No un papel, sino una conciencia activa. Cuando vuelvas a sentir el impulso de gastar para calmarte, podrás preguntarte: “¿Qué estoy evitando sentir?” Cuando te invada la ansiedad por ahorrar, podrás preguntarte: “¿Qué historia estoy contando sobre el futuro?” Cuando te paralices ante una inversión o una decisión importante, podrás preguntarte: “¿Qué parte de mí teme equivocarse y qué cree que significaría?”. Esas preguntas no son filosofía; son llaves. Abren espacio entre el estímulo y la respuesta. Y en ese espacio nace la libertad.

El resultado que buscamos en esta sección es simple y profundo: que dejes de verte solo por el resultado, como si fueras “bueno” o “malo” con el dinero, y empieces a ver tu patrón. Porque el patrón se puede cambiar. El resultado, por sí solo, solo se juzga. El patrón se entiende, se ajusta y se entrena. Y cuando entrenas el patrón, los resultados cambian como una consecuencia natural.

Tu mapa del dinero ya existe. La pregunta es si lo vas a seguir recorriendo en piloto automático o si vas a tomar el volante. Este capítulo comienza ahí: en hacer visible lo invisible. En reconocer el guion, no para pelear con tu pasado, sino para recuperar tu presente. Porque, a partir de ahora, el sistema que construyas no va a ser una reacción. Va a ser una elección.

El ciclo que te construye: creencias, emociones, hábitos, resultados e identidad

Una de las razones por las que el dinero se siente tan emocional es que, en realidad, no estás reaccionando solo a billetes o números. Estás reaccionando a lo que esos números significan para ti. Y ese significado no se queda en tu cabeza; se convierte en conducta. Por eso, para entender tu mapa del dinero de verdad, necesitas ver el mecanismo completo, no solo el momento en el que pagas o decides. El mecanismo es un ciclo que suele pasar tan rápido que parece "carácter" o "destino", pero es aprendizaje acumulado. El ciclo es así: creencias que dan forma a emociones, emociones que empujan hábitos, hábitos que producen resultados, resultados que consolidan identidad. Y cuando la identidad se consolida, vuelve a reforzar las creencias iniciales, cerrando el círculo.

Imagina una creencia simple: "Si hablo de dinero, me juzgan." Esa creencia no es una idea abstracta; es una lente. Cuando surge una situación donde deberías negociar, preguntar, aclarar o poner límites, tu cuerpo reacciona. Aparece una emoción: incomodidad, vergüenza, tensión. Esa emoción busca una salida rápida, y el hábito se activa. ¿Cuál es el hábito? Callarte, ceder, postergar la conversación, aceptar condiciones que no te convienen. Luego llega el resultado: pierdes un aumento, pagas de más, no cobras lo que vales, mantienes acuerdos poco claros. Y ese resultado alimenta una identidad: "Soy malo negociando", "No nací para esto", "El dinero siempre trae líos". La identidad se siente como una verdad profunda, y al sentirse verdadera, vuelve a reforzar la creencia original. El ciclo se hace más fuerte con el tiempo, como un camino en un bosque que se marca porque siempre pasas por el mismo lugar.

Lo crucial es que el ciclo no se rompe en la identidad, porque la identidad es lo que sientes que eres. Tampoco se rompe solo en el resultado, porque el resultado es la última pieza y, si intentas cambiarla sin tocar lo anterior, terminas usando fuerza de voluntad hasta agotarte. El ciclo se rompe en un punto más útil: en la transición entre emoción y hábito, o incluso antes, en cómo interpretas la emoción. Ahí está tu palanca principal. Porque no puedes evitar sentir ciertas cosas al principio, pero sí puedes aprender a no obedecerlas automáticamente.

Este ciclo también explica por qué algunas personas repiten conductas incluso cuando saben que no les convienen. No es ignorancia, es automatismo. Una compra impulsiva, por ejemplo, rara vez nace del deseo del objeto; suele nacer de una emoción que quiere anestesia. La creencia de fondo puede ser "Trabajo mucho, la vida es dura" o "Necesito compensar" o "Si no disfruto ahora, no sé cuándo". La emoción puede ser cansancio, frustración, vacío, ansiedad. El hábito es comprar sin pensar, buscar un premio rápido, sentir control por unos minutos. El resultado es una cuenta más pesada, culpa, y la identidad se reafirma: "No tengo disciplina", "No puedo ahorrar", "Siempre me pasa". Y esa identidad, aunque duela, es familiar. Por eso se repite.

La buena noticia es que este ciclo también puede trabajar a tu favor. Una creencia nueva, más funcional, también genera emociones diferentes. Si crees "Puedo ser claro con lo básico", la emoción ante un número ya no es pánico, es curiosidad. El hábito se vuelve mirar, anotar, comparar, decidir con calma. El resultado mejora y la identidad cambia a "Soy alguien que se ocupa". El círculo sigue siendo círculo, pero ahora te sube en lugar de hundirte.

Para que esto no se quede en teoría, aquí va un ejercicio breve, diseñado para ser simple y brutalmente honesto. No necesitas hacerlo perfecto, solo hacerlo de forma literal. Durante siete días, vas a rastrear tres tipos de decisiones repetidas. No necesitas registrar todo tu día, solo estos momentos. La idea no es controlarte como un policía, sino observarte como un científico.

Cada vez que ocurra una compra impulsiva, aunque sea pequeña, detente un minuto y escribe cinco cosas en una nota: qué pasó justo antes, qué emoción estabas sintiendo, qué frase apareció en tu cabeza, qué hiciste exactamente y qué sentiste después. No lo adornes. No lo justifiques. Solo captura el momento. Si la compra no se dio, pero el impulso estuvo, registra igual. Eso es oro, porque muestra el gatillo.

Cada vez que procrastines una decisión de inversión o de organización financiera, aunque sea algo tan básico como revisar una cuenta, comparar comisiones o abrir un documento, registra lo mismo. ¿Qué ibas a hacer? ¿Qué emoción apareció? ¿Qué pensamiento te dio permiso para posponer? ¿Qué hiciste en lugar de eso? ¿Qué sensación quedó al final: alivio, culpa, cansancio? La procrastinación rara vez es pereza; suele ser miedo camuflado. A veces miedo a equivocarte, a perder, a sentirte incompetente, o incluso miedo a ver la realidad.

Y cada vez que evites una conversación de dinero, por ejemplo pedir un aumento, hablar de precios, cobrar, negociar con un cliente, preguntar por condiciones, decir "esto no me conviene", registra la escena con el mismo esquema. Estas conversaciones son una mina de información porque tocan directamente creencias antiguas sobre merecimiento, conflicto, rechazo o autoestima.

Después de siete días, vas a leer tus notas como si fueran de otra persona. Busca patrones. No busques culpables. Pregúntate: ¿qué emoción aparece con más frecuencia? ¿Vergüenza, ansiedad, cansancio, frustración, miedo? Luego pregunta: ¿qué frase o idea se repite? "Me lo merezco", "No es para tanto", "Después lo veo", "Seguro me dicen que no", "No quiero problemas". Luego mira el hábito: ¿compras para calmarte, pospones para no sentir, evitas para no confrontar? Cuando veas eso, habrás encontrado tu palanca principal. Porque la palanca no suele ser "ganar más" inmediatamente. La palanca es el punto donde tu sistema se descarrila.

A veces la palanca principal es una emoción específica. Por ejemplo, si la emoción dominante es cansancio, quizá tu sistema falla al final del día, cuando estás más vulnerable. Ahí no necesitas más fuerza, necesitas diseño: decisiones financieras cuando estás fresco, automatizaciones, límites claros, menos tentaciones. Si la emoción dominante es vergüenza, la palanca es la autoimagen: necesitas aprender lo básico y normalizar el proceso sin castigarte. Si la emoción dominante es miedo, la palanca es reducir incertidumbre: educación simple, pasos pequeños, reglas de riesgo, decisiones con límites. Si la emoción dominante es frustración, quizá la palanca es sentir progreso: métricas pequeñas, victorias semanales, claridad en prioridades.

El objetivo de este ejercicio es que dejes de pelear contra un monstruo difuso llamado "yo" y empieces a trabajar con un mecanismo concreto llamado "ciclo". Cuando localizas tu palanca, todo se simplifica. Ya no necesitas cambiar tu vida entera; necesitas intervenir en un punto clave del ciclo de forma consistente. Ese es el comienzo del sistema real.

Ambición sana y ansiedad financiera: crecer no es correr, es construir

Hay una diferencia enorme entre querer crecer y estar perseguido por la sensación de que nunca es suficiente. Por fuera pueden verse igual: trabajas, buscas oportunidades, piensas en inversiones, hablas de objetivos. Pero por dentro son mundos opuestos. La ambición sana se siente como dirección. La ansiedad financiera se siente como persecución. Una te organiza; la otra te desgasta. Una te vuelve paciente; la otra te vuelve impulsivo. Y si no distingues cuál está manejando, puedes confundir velocidad con avance, y ruido con progreso.

La ambición sana nace de una visión clara. Tiene un porqué que no cambia cada semana. No necesita demostrarle nada a nadie a cada paso. Es capaz de esperar. Puede decir "no" a oportunidades que no encajan, aunque se vean brillantes. Puede comprometerse con hábitos repetibles porque no depende de la emoción del momento. La ambición sana quiere construir algo que dure, no solo ganar una batalla. Está interesada en procesos, no solo en resultados.

La ansiedad financiera, en cambio, nace de un vacío o de una comparación constante. Es como estar siempre tarde. Siempre hay alguien que gana más, que invierte mejor, que parece más avanzado. La ansiedad convierte el dinero en un examen permanente: cada decisión es una prueba de valor personal. Por eso acelera. Hace que tomes riesgos sin marco o que te paralices por miedo. Hace que cambies de estrategia cada vez que ves un video nuevo. Hace que quieras resultados rápidos para calmar una incomodidad interna, no para construir una vida mejor. Y el problema de perseguir calma con dinero es que la calma no llega, porque el origen no era el dinero: era el sentido.

Por eso, antes de hablar de metas, necesitas una definición personal de riqueza. No la definición de tu entorno, ni la de tus redes, ni la de tus amigos más competitivos. Una definición tuya, con palabras que te representen. Si no la defines, tu cerebro la tomará prestada de la persona que más grita, del algoritmo que más repite, o del estándar social que más presiona. Y perseguir objetivos ajenos es una de las maneras más seguras de sentirte cansado incluso cuando logras cosas.

Tu definición de riqueza tiene que ir más allá del "cuánto". Tiene que incluir "para qué" y "cómo". Para algunas personas, riqueza es libertad: poder elegir, moverse, decir que no, tener margen.

Para otras, es tiempo: trabajar menos horas, o trabajar en algo que no te drene, o poder estar con hijos, pareja, amigos sin sentir culpa. Para otras, es seguridad: dormir tranquilo, cubrir imprevistos, sostener a una familia, no vivir al borde. Para otras, es impacto: contribuir, crear empleo, apoyar causas, construir algo que trascienda. A veces es una mezcla. Pero si no lo nombras, el dinero se vuelve un fin abstracto y la vida se vuelve una carrera que no tiene línea de meta.

Te propongo una definición que puedes ajustar, pero no copiar. Riqueza es la capacidad de sostener opciones con calma. Esa frase incluye cuatro cosas sin decirlas explícitamente. Opciones implican libertad. Sostener implica consistencia y sistemas, no picos. Con calma implica salud mental, ritmo y estabilidad emocional. Y capacidad implica habilidades, no suerte. Si tu riqueza no tiene calma, puede ser poder, pero no plenitud. Si tu riqueza no tiene opciones, puede ser ingreso, pero no libertad. Si tu riqueza no se sostiene, puede ser un golpe, pero no un camino.

Ahora, ¿cómo se traduce esto en práctica? En aprender a crecer sin correr. Correr es reaccionar: ver una oportunidad y lanzarte, ver una caída y entrar en pánico, ver que alguien ganó y sentirte menos. Construir es elegir: definir tus reglas, tus métricas y tu ritmo. Construir es hacer cosas poco sexys repetidas: revisar números, ajustar hábitos, aprender habilidades, invertir con criterio, cuidar tu energía. Construir es aceptar que el progreso real se mide en meses y años, no en días.

La ansiedad financiera te empuja a decisiones dramáticas. Te hace creer que todo es urgente. Te hace confundir movimiento con avance. La ambición sana, en cambio, sabe priorizar. Puede decir: "Este mes mi enfoque es estabilizar el ahorro y aumentar ingresos con una palanca específica, no dispersarme." Puede tolerar que haya semanas sin grandes noticias porque entiende que el proceso está funcionando. Y eso es clave: la estabilidad no es aburrida; es poderosa. La gente que construye riqueza de forma sostenible suele tener una relación casi tranquila con lo básico. No porque sea fácil, sino porque diseñaron un sistema que reduce el drama.

Aquí hay otra señal para distinguirlas. La ambición sana te deja más claro al final del día, incluso si estás cansado. La ansiedad financiera te deja más confundido, aunque hayas hecho mucho. La ambición sana te hace sentir que estás construyendo una estructura; la ansiedad financiera te hace sentir que estás apagando incendios.

Para bajar el ruido mental, tu definición personal de riqueza debe convertirse en un filtro. Antes de perseguir un objetivo, pregúntate si se alinea con tu definición. Si riqueza para ti incluye tiempo, entonces una oportunidad que te paga más pero te roba tu vida quizá no sea riqueza, aunque lo parezca. Si riqueza para ti incluye seguridad, entonces un riesgo enorme sin plan de salida quizá no sea valentía, quizá sea ansiedad disfrazada. Si riqueza para ti incluye impacto, entonces un ingreso que te aleja de tus valores quizá tenga un costo que no se ve en el banco, pero se siente en el cuerpo.

Cuando tienes esa definición, tu sistema se vuelve más estable. Dejas de perseguir lo que te enciende por un segundo y empiezas a construir lo que te sostiene. Y eso reduce el ruido mental de forma directa porque ya no tienes que decidir desde la comparación. Decides desde el criterio.

El resultado que buscamos en esta subsección es que ganes dirección y tranquilidad. Dirección significa que sabes por qué haces lo que haces. Tranquilidad significa que el camino no depende de estar siempre motivado ni de tener siempre una respuesta perfecta. Significa que puedes avanzar con pasos claros, sin convertir tu vida en una competencia permanente. Significa que el dinero vuelve a ocupar su lugar: una herramienta poderosa, sí, pero una herramienta al servicio de una vida bien diseñada.

Si el capítulo empezó mostrándote el guion invisible, ahora lo cierra dándote un volante: el ciclo que puedes intervenir y la definición que te guía. Cuando ves tu ciclo, encuentras tu palanca principal. Cuando defines tu riqueza, reduces el ruido que te distrae. Con esas dos cosas, tu mapa del dinero deja de ser una herencia confusa y se convierte en una ruta elegida. Y con una ruta elegida, lo siguiente ya no es "a ver qué pasa", sino "esto es lo que construyo".

Capítulo 2 — Principios que Multiplican

Energía, valor y propiedad: la fórmula real del crecimiento sin techo

Hay una idea que suena sencilla pero cambia todo cuando la entiendes de verdad: la riqueza no se fabrica con dinero, se fabrica con energía. Con tu tiempo, tu atención, tu capacidad de decidir, tu creatividad, tu constancia. El dinero, en la mayoría de los casos, llega después, como una forma de medir y trasladar el valor que generas. Por eso, el principio base de este capítulo no empieza con inversiones ni con trucos de productividad. Empieza con una pregunta incómoda y poderosa: ¿en qué estás gastando tu energía cada día y qué regresa a cambio?

La mayoría de la gente vive en un intercambio básico: vendo horas a cambio de ingresos. Eso no está mal. Es el punto de partida natural. El problema aparece cuando confundes ese intercambio con el juego completo. Porque si tu crecimiento depende exclusivamente de vender más horas, tu techo es inevitable. Incluso si te encanta tu trabajo, el día tiene las mismas veinticuatro horas para todos. Tu cuerpo tiene límites. Tu atención se agota. Tu vida personal pide espacio. Y cuando intentas "resolver" el dinero con más trabajo sin cambiar el sistema, suele pasar una de dos cosas: o te quemas, o te estancas en una especie de rueda donde haces muchísimo, pero avanzas poco.

El crecimiento sin techo, en cambio, funciona con otra lógica: conviertes energía en valor, y luego conviertes una parte de ese valor en propiedad. Esa palabra, propiedad, es el puente hacia lo que la mayoría llama riqueza. Propiedad significa que algo te pertenece y puede seguir produciendo resultados sin exigir la misma cantidad de energía cada vez. Puede ser un activo financiero, un negocio, una cartera de clientes bien construida, un producto, una participación, una marca, una habilidad altamente pagada con demanda estable, un sistema que genera ingresos con procesos repetibles. No todo es "pasivo" en el sentido literal; casi nada lo es. Pero sí puede ser menos dependiente de tu presencia constante. Y ese matiz es el que abre el horizonte.

Para entenderlo, imagina tu energía como agua. Puedes cargarla en cubos todos los días y vender cada cubo. Mientras tengas fuerza, hay agua y hay dinero. Cuando te enfermas, cuando viajas, cuando te cansas o cuando simplemente quieres vivir, el flujo se reduce. Ese es el modelo de "solo trabajo". El otro modelo es usar parte de esa agua para construir un canal y, con el tiempo, una represa. Al principio es más lento, porque construir cuesta. Pero cuando el canal existe, el agua corre con menos esfuerzo. La represa, si está bien diseñada, almacena y distribuye. Esa es la diferencia entre ingresos por esfuerzo directo y riqueza por composición.

Este principio también explica por qué "trabajar más" no escala sin estrategia. Trabajar más es, en esencia, aumentar la entrada de energía. Pero si tu sistema no cambia, lo único que haces es aumentar el desgaste. En un punto, tu rendimiento por hora baja. Cometes más errores. Tienes menos claridad para decidir. Empiezas a vivir en modo urgencia, y la urgencia es enemiga del buen criterio. Además, cuando estás saturado, pierdes la capacidad de ver oportunidades reales, porque tu mente está ocupada sobreviviendo a la semana. Puedes estar moviéndote todo el tiempo y, sin embargo, no estar construyendo nada.

La estrategia aparece cuando decides qué tipo de valor estás creando con tu energía. No todo valor se paga igual, aunque requiera el mismo esfuerzo. Hay tareas que son necesarias pero fáciles de reemplazar. Hay tareas que parecen importantes pero no generan un retorno proporcional. Y hay tareas que crean valor acumulativo: cosas que, una vez hechas, siguen dando frutos. El sistema de riqueza busca que cada unidad de energía tenga un retorno mayor con el tiempo, no porque te exploten más, sino porque eliges mejor dónde la pones.

Aquí es donde se rompe otro mito silencioso: que crecer es solamente "ganar más". Ganar más puede ser un paso, pero no siempre es crecimiento real. Si ganas más, pero tu costo de vida sube igual o más rápido, no compusiste; solo inflaste números. Si ganas más, pero todo depende de tu presencia, tampoco compusiste; solo aceleraste la cinta. Si ganas más, pero no conviertes parte de ese excedente en propiedad, estás construyendo una vida que necesita que siempre estés al máximo. Eso no es libertad; es una jaula con mejores muebles.

La riqueza se compone cuando haces dos conversiones. La primera conversión es energía en valor. La segunda es valor en propiedad. Mucha gente se queda en la primera conversión, y por eso se agota. Aprenden a ser útiles, competentes, responsables, y eso les da ingresos. Pero no dan el segundo paso con consistencia, ya sea por falta de hábito, por miedo al riesgo, por desconocimiento o porque el estilo de vida se come todo. El sistema sin techo necesita la segunda conversión como una regla, no como una intención: cada aumento de valor que generas debe dejar una parte convertida en algo que te pertenece y que puede crecer.

Esto no significa que tengas que convertirte en inversor profesional ni que tengas que montar un negocio mañana. Significa que tienes que pensar como constructor. Un constructor no solo trabaja; deja algo en pie. Y lo deja en pie aunque él no esté allí cada minuto. Tu vida financiera necesita esa mentalidad. Porque sin propiedad, estás siempre empezando de nuevo.

Ahora bien, cuando hablo de propiedad, no lo reduzco a "comprar cosas". Propiedad es derecho sobre flujos futuros. Es participar en resultados que no dependen únicamente del presente inmediato. Puede ser una inversión, sí. Puede ser también algo más cercano: un sistema de ventas, una oferta bien empaquetada, una comunidad, un catálogo, un conjunto de procesos. Incluso una habilidad específica puede convertirse en una forma de propiedad si te da un poder de negociación alto y una demanda sostenida. La clave es que tu energía produce algo que permanece.

Por eso, trabajar más no escala: porque el trabajo adicional suele ir a lo urgente y lo urgente rara vez se convierte en propiedad. Lo urgente paga hoy. La propiedad paga mañana y pasado. Y ese mañana se construye con decisiones que, al principio, parecen poco emocionantes. Es el clásico error de mirar solo el ingreso y no mirar la estructura. Puedes duplicar tu ingreso y sentirte igual de apretado si no cambias la estructura. Puedes aumentar tu actividad y sentirte más pobre en energía, que es el recurso base de todo.

Crecimiento sin techo no significa crecimiento infinito inmediato. Significa que el mecanismo que usas no tiene un límite duro como el de tus horas. Significa que estás construyendo un proceso que puede expandirse: más valor por unidad de energía, y más propiedad acumulada que trabaja contigo. Cuando eso ocurre, el tiempo deja de ser tu enemigo. Se convierte en un socio. Porque la composición es el fenómeno más poderoso en la construcción de riqueza: lo que hoy es pequeño, con continuidad, se vuelve grande.

La composición no solo ocurre en inversiones; ocurre en habilidades, reputación y sistemas. Si aprendes una habilidad valiosa y la aplicas todos los días, tu capacidad aumenta. Si construyes relaciones y cumples tu palabra, tu reputación te abre puertas. Si creas un proceso que reduce errores y repite aciertos, tu productividad mejora sin que trabajes más. La gente suele pensar en composición como intereses, pero es más amplio: es cualquier cosa que se vuelve más fuerte por repetición inteligente. El sistema de riqueza sin techo utiliza esa idea en todos los niveles.

Entonces, ¿cómo se ve una vida guiada por este principio? Se ve menos como una carrera frenética y más como una obra en construcción. Se ve como alguien que protege su atención porque sabe que su atención es energía convertible. Se ve como alguien que elige proyectos y tareas por retorno, no por apariencia. Se ve como alguien que toma parte del valor que genera y lo convierte en propiedad de forma constante, aunque sea en pequeñas cantidades. Se ve como alguien que entiende que el objetivo no es "hacer más", sino "hacer mejor lo que escala".

Hay una razón emocional por la que esto cuesta al principio: porque el cerebro ama la recompensa inmediata. Trabajar más suele dar un resultado visible rápido: terminas algo, cobras algo, sientes que hiciste "lo correcto". Construir propiedad, en cambio, a menudo da frutos más tarde. Requiere tolerancia a la paciencia. Requiere una identidad distinta: la de alguien que siembra. Y sembrar da menos dopamina que cosechar, al menos al principio. Por eso tantas personas, incluso inteligentes, se quedan atrapadas en la rueda del esfuerzo. No es falta de capacidad, es falta de sistema y de horizonte.

Este capítulo está aquí para cambiar tu horizonte. Para que entiendas que el crecimiento real no es un número, es una arquitectura. Que tu energía es el recurso madre. Que el valor es el puente. Que la propiedad es el multiplicador. Y que sin estrategia, trabajar más solo te hace más cansado, no más libre.

El resultado que buscamos en esta primera sección es que entiendas, con claridad, qué es crecer "sin techo". Crecer sin techo es construir un proceso en el que tu energía se transforma en valor de forma cada vez más eficiente, y donde una parte de ese valor se convierte, con disciplina y criterio, en propiedad que se acumula. Es un camino que se vuelve más estable con el tiempo. No porque la vida deje de tener riesgos, sino porque tu sistema deja de depender de una sola fuente: tu esfuerzo inmediato.

A partir de aquí, ya no estás buscando la fórmula secreta. Estás aprendiendo el principio base. Y cuando un principio base se instala, tus decisiones cambian por gravedad, no por presión. Empiezas a preguntarte, casi sin esfuerzo: ¿esto convierte mi energía en valor real? ¿Y cuánto de ese valor se está convirtiendo en propiedad? Si haces esas dos preguntas con honestidad, te prometo que tu mapa del dinero se vuelve más nítido. Y con un mapa nítido, el camino deja de sentirse como improvisación y empieza a sentirse como construcción.

Tres leyes prácticas para multiplicar: composición, propiedad y enfoque

Cuando la gente escucha la palabra "principios", a veces imagina frases bonitas que suenan bien y se olvidan rápido. Aquí no. Los principios que multiplican tienen que ser accionables. Tienen que servirte el lunes por la mañana, cuando estás cansado, cuando hay gastos, cuando aparecen tentaciones, cuando el mes se aprieta, cuando te llegan mensajes que te distraen y cuando tienes que elegir sin tiempo para filosofar. Si un principio no se traduce en decisiones, no es un principio: es decoración.

En esta sección vas a trabajar con tres leyes prácticas. No son teorías complejas, son reglas que, bien aplicadas, cambian tu trayectoria. La primera es compounding, la composición: pequeño pero constante. La segunda es propiedad: activos por encima de salario, no porque el salario sea malo, sino porque tiene un límite. La tercera es enfoque: pocas palancas, bien ejecutadas. La magia está en que estas tres leyes se apoyan entre sí. La composición necesita continuidad. La continuidad necesita enfoque. El enfoque se vuelve poderoso cuando lo diriges hacia propiedad.

La ley de compounding es, en esencia, una declaración de humildad. Te dice: no subestimes lo pequeño cuando se repite. También te dice: no confíes en los saltos cuando no hay base. La composición funciona porque el crecimiento se monta sobre crecimiento previo. No es lineal. Al principio se siente lento, casi ridículo. Es como poner una moneda en un frasco y pensar que eso cambiará tu vida. Pero el frasco no es el punto. El punto es la identidad y el sistema que se construyen cuando haces lo correcto sin necesidad de sentirte eufórico. Esa constancia, con el tiempo, produce oportunidades, margen, claridad y capital. Y cuando eso pasa, el crecimiento deja de depender de "un golpe" y empieza a depender de tu proceso.

¿Cómo se traduce compounding en decisiones semanales? En una pregunta simple: ¿qué acción pequeña, repetida cada semana, me acerca a más margen? No tiene que ser heroica. Puede ser revisar tus gastos reales y detectar una fuga que se repite. Puede ser automatizar un ahorro mínimo cada vez que cobras. Puede ser dedicar un bloque fijo a aprender una habilidad que aumenta tus ingresos. Puede ser cerrar una suscripción inútil y redirigir ese dinero a algo que crece. Puede ser escribir a dos posibles clientes, o mejorar una oferta, o actualizar tu portafolio. La clave no es la magnitud aislada, es la repetición. Si cada semana tu sistema hace una mejora tangible, en tres meses eres otra persona financiera. No porque te volviste perfecto, sino porque el mecanismo cambió.

La ley de propiedad es la que separa "ganar dinero" de "construir riqueza". Y aquí conviene decirlo sin romanticismo: el salario, por sí solo, no es el problema. El problema es la dependencia absoluta. Si todo lo que entra depende de tu tiempo directo, vives expuesto a lo imprevisible. Y además, te quedas atrapado en una negociación constante: horas por dinero. La propiedad, en cambio, te da participación en flujos futuros. Te da resiliencia. Te da poder de elección. Te permite que el tiempo trabaje contigo y no siempre contra ti.

Pero propiedad no significa hacer apuestas grandiosas. Significa adoptar una regla: cada semana, una parte de tu valor se convierte en algo que te pertenece. En una etapa inicial, ese "algo" puede ser tan sencillo como construir un fondo de emergencia para que los imprevistos no destruyan tu sistema. Sí, eso también es propiedad en el sentido profundo: es propiedad de estabilidad. Luego puede ser invertir de forma sensata y diversificada según tu contexto. Puede ser construir un activo laboral, como una habilidad que te suba de categoría y te permita negociar mejor. Puede ser propiedad de un negocio, aunque sea pequeño, que no dependa únicamente de tu presencia minuto a minuto. Puede ser un producto o servicio que se venda con menos fricción porque ya está empaquetado y probado. Todo eso es propiedad porque te saca del modo supervivencia y te pone en modo construcción.

¿Y cómo se ve esto en decisiones semanales? Se ve en una regla aún más simple: antes de subir tu estilo de vida, sube tu propiedad. Cada vez que entra más dinero, la tentación natural es mejorar lo visible: comer mejor, viajar más, comprar más. No hay nada malo en disfrutar. El problema es hacerlo antes de construir base. La propiedad primero, el lujo después. No por moral, sino por estrategia. Si no lo haces así, cada mejora se convierte en un nuevo estándar que debes sostener, y tu vida vuelve a necesitar que siempre estés produciendo al máximo.

La tercera ley, enfoque, es la más subestimada y quizá la más determinante. La mayoría no fracasa por falta de inteligencia; fracasa por dispersión. El dinero se multiplica con palancas, y las palancas solo funcionan cuando aplicas presión sostenida en el mismo punto. Si cada semana cambias de objetivo, si persigues diez ideas a la vez, si intentas optimizar todo al mismo tiempo, no construyes: te agitas. Y la agitación se siente como esfuerzo, pero no crea estructura.

El enfoque significa elegir pocas palancas y ejecutarlas bien. Una palanca puede ser aumentar ingresos por una vía específica. Otra puede ser recortar una fuga importante. Otra puede ser automatizar ahorro y convertirlo en propiedad. Otra puede ser construir una habilidad crítica. Pero pocas. Lo suficiente como para que puedas cumplir incluso en semanas difíciles. Aquí una buena regla es que tu sistema debe funcionar en tu "peor semana razonable", no solo en tu mejor semana ideal. Si tu plan necesita energía perfecta, no es un plan: es una fantasía.

En decisiones semanales, enfoque se traduce en esto: el domingo o el lunes, defines tres acciones de alto impacto, no diez. Tres. Acciones que, si se hacen, mueven el sistema. Y luego proteges espacio para hacerlas. No se trata de hacerlas rápido; se trata de hacerlas sí o sí. Porque el progreso real no lo crean las intenciones, lo crean las citas cumplidas contigo mismo.

Si juntas las tres leyes, se vuelven un conjunto de reglas simples para elegir mejor. Cada semana puedes pasar tus decisiones por un filtro: ¿esto se compone o se evapora? ¿esto aumenta mi propiedad o solo aumenta mi consumo? ¿esto fortalece mi enfoque o me dispersa? Si una decisión falla en las tres, probablemente es ruido. Si pasa al menos dos, suele ser una buena señal. Y si pasa las tres, casi siempre vale la pena.

El resultado que buscamos aquí es que dejes de decidir en modo "me siento así" y empieces a decidir en modo "esto es lo que construye". Esas reglas te dan criterio cuando hay presión, cuando hay tentación y cuando hay demasiada información. Te vuelven menos manipulable por el momento. Y eso, con el tiempo, es una forma de libertad.

Objeciones comunes y el plan de inicio: control, margen, palancas

Cuando hablamos de multiplicar, muchas personas levantan la mano desde adentro y dicen: "Eso suena bien, pero no es para mí". Y casi siempre aparece una de estas tres objeciones: no tengo suficiente, empecé tarde, mi salario es bajo. Son comprensibles. Son reales en su emoción. Pero aquí viene la parte clave: el problema no es que existan; el problema es que se conviertan en sentencia. Porque cuando tu contexto se vuelve una sentencia, tu sistema ni siquiera empieza.

La objeción "no tengo suficiente" suele significar algo más profundo: siento que cualquier acción será insignificante. Y esa sensación es peligrosa porque te convence de no hacer nada. Pero la composición no pide grandeza; pide continuidad. Si hoy no tienes suficiente, justo por eso necesitas sistema. Porque cuando hay poco margen, cada error pesa más, y cada mejora vale más. En esa etapa, el objetivo no es invertir como un experto. El objetivo es recuperar control. Control significa saber qué entra, qué sale y por qué. Control significa que tus decisiones dejan de ser reacciones. Control significa que, aunque sea con números pequeños, tú eliges.

"Empecé tarde" es otra objeción que suena definitiva, como si hubiera un tren que ya se fue. Pero en la práctica, empezar tarde es una mezcla de duelo y comparación. Te duele no haber empezado antes, y te comparas con alguien que parece llevar ventaja. El problema es que ese pensamiento te roba la energía que necesitas para empezar ahora. Además, la vida real no es una línea recta. Hay personas que empiezan temprano y se destruyen por falta de criterio, por riesgos mal tomados o por estilos de vida inflados. Hay personas que empiezan después y construyen rápido porque tienen enfoque, madurez y sistema. El tiempo importa, sí. Pero el sistema importa más que la culpa. La culpa te inmoviliza; el sistema te mueve.

"Mi salario es bajo" es quizá la objeción más delicada, porque toca estructura social y realidad. No se resuelve con frases. Con un salario bajo, el margen inicial puede ser pequeño. Pero pequeño no es cero. Y, más importante, el salario no es tu identidad. Es tu punto de partida. Hay personas que nunca aumentan su salario porque no lo ven como algo moldeable; lo ven como un techo impuesto. A veces hay límites reales, pero casi siempre hay grados de maniobra: habilidades, cambios laterales, negociación, ingresos adicionales, mejoras en productividad y posicionamiento. No de un día para otro, pero sí en un horizonte de meses. Y ahí es donde entra el plan de inicio.

El plan de inicio tiene tres fases. Primero control. Luego margen. Luego palancas. Este orden importa. Si intentas saltarte control, cualquier avance se te escapa entre los dedos. Si intentas buscar palancas sin margen, te desesperas y tomas malas decisiones. Y si intentas crear margen sin control, solo estás esperando un milagro.

Control significa visibilidad y reglas mínimas. Visibilidad es mirar tus números sin drama. No para castigarte, sino para saber dónde estás. Reglas mínimas significa decidir por adelantado dos o tres cosas que ya no negocias con tu cansancio. Por ejemplo, que una parte, por pequeña que sea, se separa antes de gastar. O que ciertos gastos impulsivos se enfrían veinticuatro horas. O que revisas tus cuentas una vez por semana, siempre el mismo día, aunque no te apetezca. El control no se siente emocionante, pero es el suelo firme. Sin suelo firme, cualquier estrategia se vuelve ansiedad.

Margen significa crear espacio. Al principio, el margen suele venir más de reducir fugas que de aumentar ingresos. Porque recortar una fuga es inmediato, y aumentar ingresos requiere tiempo. Margen es respirar. Es poder decir "sí" a una oportunidad sin que te hunda un gasto inesperado. Es evitar que una avería o una factura te obligue a endeudarte. Margen también es mental: cuando tienes algo de espacio, piensas mejor. Duermes mejor. Tomas mejores decisiones. Y esas mejores decisiones, a su vez, crean más margen. Es un ciclo que se invierte a tu favor.

Después vienen las palancas. Aquí es donde mucha gente quiere empezar, porque suena a crecimiento. Pero si llegas a palancas con control y margen, las usas con criterio, no con desesperación. Palancas significa elegir una vía principal para aumentar el valor que generas. Puede ser mejorar una habilidad que te suba de nivel. Puede ser encontrar una segunda fuente de ingreso. Puede ser negociar con datos. Puede ser crear una oferta clara si trabajas por tu cuenta. Puede ser moverte a un entorno donde tu trabajo se paga mejor. El detalle cambia según tu vida, pero el principio se mantiene: pocas palancas, bien ejecutadas.

El reencuadre aquí es vital. Tu contexto no es una sentencia, es un punto de partida. El "no tengo suficiente" se convierte en "necesito control y margen, aunque sea pequeño". El "empecé tarde" se convierte en "tengo menos tiempo, así que necesito más enfoque". El "mi salario es bajo" se convierte en "voy a aumentar mi valor con una palanca concreta, sin dispersarme". Ese cambio de lenguaje no es autoayuda; es estrategia cognitiva. Porque lo que te dices determina si actúas o te congelas.

La transformación que buscamos como outcome es que dejes de usar tu contexto como excusa automática y lo uses como información para diseñar tu sistema. Si tienes poco margen, tu prioridad no es lo mismo que la de alguien que ya invierte. Si empezaste tarde, tu prioridad es evitar errores grandes y acelerar con criterio, no compararte. Si tu salario es bajo, tu prioridad es aumentar valor y construir una segunda vía, sin descuidar control. Cada contexto tiene una entrada distinta al mismo juego.

Cuando asumes eso, algo cambia por dentro. Dejas de sentir que el mundo te debe una oportunidad perfecta y empiezas a construir con lo que hay. No resignación, construcción. Y esa diferencia se nota rápido. Porque en cuanto empiezas con control, aparece margen. En cuanto aparece margen, puedes ejecutar palancas. Y cuando ejecutas palancas con enfoque, la composición hace su trabajo silencioso.

No necesitas que tu vida sea ideal para empezar. Necesitas un orden correcto. Control primero, para dejar de perder por desconocimiento. Margen después, para dejar de vivir al límite. Palancas al final, para crecer de verdad sin quebrarte. Esa es la ruta que vuelve el crecimiento posible para alguien que hoy siente que no tiene suficiente. Y cuando lo ves así, la objeción deja de ser una pared y se convierte en un mapa.

Capítulo 3 — Hábitos de Riqueza Diaria

El sistema mínimo que sostiene todo: registrar, revisar y automatizar

La mayoría de las personas cree que la estabilidad financiera llega cuando ganan más. Y sí, aumentar ingresos ayuda. Pero no es el fundamento. He visto gente con ingresos altos viviendo al borde, y gente con ingresos modestos construyendo una base sólida. La diferencia casi nunca es inteligencia; es sistema. Y el sistema, en su forma más simple, se construye con hábitos diarios y semanales que crean previsibilidad. Previsibilidad significa que tu dinero deja de ser un misterio. Significa que tus decisiones ya no dependen de adivinar. Significa que puedes hacer planes sin sentir ese nudo en el estómago que aparece cuando no sabes si estás bien o mal. El objetivo de esta sección es darte un sistema mínimo, no un estilo de vida perfecto. Un sistema que puedas sostener incluso cuando estás cansado. Un sistema que no se cae porque tu motivación se fue de vacaciones.

El sistema mínimo de hábitos tiene tres pilares: registrar gastos, hacer una revisión semanal y automatizar el ahorro o la inversión como si fuera una factura. Suena demasiado simple, y justamente por eso funciona. Lo simple se repite. Lo complejo se abandona. Mucha gente se emociona con planes sofisticados y luego los suelta porque requieren demasiada energía mental. Aquí vamos a lo contrario: menos fricción, más consistencia.

Empecemos por registrar gastos. No como un castigo, sino como un acto de claridad. Registrar es mirar sin inventar. Es la diferencia entre sentir que "más o menos estoy bien" y saber. Y saber, en finanzas, es poder. El registro no tiene que ser perfecto. De hecho, la búsqueda de perfección es una trampa común: "Si no lo registro todo, no sirve". Sí sirve. Sirve incluso si solo registras lo importante. Sirve porque te entrena a hacer visible el patrón. Y cuando lo visible aparece, cambia tu conducta sin que tengas que pelear tanto contigo.

Registrar gastos tiene un efecto psicológico interesante: reduce el autoengaño amable. El autoengaño amable es esa voz que dice "no gasto tanto", "son cosas pequeñas", "me lo merezco", "ya lo compenso". Cuando lo escribes, esa voz pierde fuerza. No porque te regañes, sino porque la realidad es una autoridad silenciosa. Además, el registro crea una pausa entre el impulso y la acción. Aunque registres después, tu cerebro empieza a anticipar: "Voy a tener que verlo". Esa anticipación ya cambia decisiones. Es como encender la luz en una habitación donde siempre caminabas a oscuras.

Ahora, ¿cómo registras sin que se vuelva una carga? El secreto es reducir el esfuerzo. No necesitas una herramienta perfecta. Puedes usar una nota en el móvil, una app sencilla, una hoja, lo que sea. Lo importante es el gesto repetido: cada gasto relevante entra en tu sistema. La mayoría de los gastos que desordenan tu vida no son los pequeños inevitables; son los repetidos innecesarios o los grandes impulsivos. Por eso, registrar te ayuda a detectar dos cosas: fugas constantes y picos emocionales. Las fugas constantes son suscripciones olvidadas, hábitos de compra que se repiten, "pequeños" gastos que suman una cantidad que te sorprendería. Los picos emocionales son esos días donde gastas más porque estabas ansioso, frustrado, celebrando, aburrido o buscando alivio. El registro no te condena; te revela.

Luego viene el segundo pilar: revisión semanal. Si registrar es captar los datos, revisar es interpretarlos y dirigir el barco. Sin revisión, registrar se vuelve un diario que nadie lee. Con revisión, se vuelve un tablero de control. La revisión semanal no es una auditoría pesada ni un tribunal. Es una conversación de quince o veinte minutos contigo, para responder tres preguntas: qué pasó, qué aprendí y qué ajusto. Esa revisión es el puente entre la vida real y tu plan.

La gente suele pensar que un presupuesto se hace una vez al mes y ya está. Pero la vida no funciona por meses. La vida se mueve por semanas. La semana es una unidad manejable: suficiente para ver patrones, suficientemente corta para corregir rumbo antes de que el mes se rompa. La revisión semanal te permite anticipar en lugar de reaccionar. Si sabes que viene un gasto, lo preparas. Si ves que una categoría se disparó, ajustas. Si notas que estás comprando por ansiedad, buscas otra salida. La revisión convierte el dinero en algo con lo que puedes dialogar, no algo que te golpea de sorpresa.

En esa revisión hay un elemento que cambia el juego: decidir una sola mejora para la siguiente semana. No diez. Una. Una mejora que puedas cumplir aunque no estés inspirado. Puede ser cancelar una suscripción, cocinar dos veces más, mover una compra grande al mes siguiente, preparar un "sobre" mental para gastos variables, hablar con alguien sobre un precio, dedicar una hora a buscar una alternativa más barata a algo que pagas caro. Una mejora semanal crea un efecto acumulativo brutal, porque el sistema se refina sin drama. En tres meses, doce ajustes. En seis meses, veinticuatro. Así se construye estabilidad real.

El tercer pilar es la automatización: ahorro o inversión como "factura". Esta idea es simple y, para muchas personas, incómoda. Porque la mayoría ahorra si sobra. Y si ahorras solo si sobra, casi nunca sobra. La automatización invierte la lógica: primero te pagas a ti mismo, luego vives con el resto. Pero no como una frase motivacional, sino como una estructura. El ahorro o la inversión se convierten en una factura más, igual que el alquiler o la luz. No negocias cada mes con tu cansancio. No decides cada semana si "te apetece". Está programado.

Aquí hay un punto importante: automatizar no significa poner una cantidad que te ahogue. Significa elegir una cantidad sostenible. Sostenible es la palabra clave. Un sistema que funciona es el que puedes mantener. Si hoy solo puedes automatizar una cantidad pequeña, perfecto. Lo pequeño sostenido gana a lo grande intermitente. La automatización tiene dos efectos: te quita fricción mental y te protege de tu versión impulsiva. Es como poner barandillas en un puente. No es falta de libertad; es diseño.

¿Por qué el hábito gana a la fuerza de voluntad? Porque la fuerza de voluntad es un recurso limitado. Se desgasta con decisiones, estrés, falta de sueño, emociones intensas. Es como una batería. En cambio, el hábito es un circuito. Una vez instalado, consume menos energía. No necesitas convencerte cada vez. Simplemente lo haces. En finanzas, esto es crucial porque el dinero está lleno de gatillos: anuncios, comparaciones, tentaciones, urgencias, emociones. Si dependes de la fuerza de voluntad para todo, estás peleando una guerra diaria. Y en una guerra diaria, tarde o temprano te cansas.

El hábito gana porque reduce el número de decisiones. Cuando tienes un sistema mínimo, no estás decidiendo desde cero cada día. Ya tienes un marco. Registrar se vuelve automático, revisar tiene su día fijo, automatizar se ejecuta sin debate. Esas tres cosas crean una base de estabilidad que te cambia por dentro. Empiezas a sentir que tienes control, y esa sensación reduce ansiedad, lo cual mejora decisiones, lo cual mejora resultados. Es un círculo virtuoso. Y lo más interesante es que no depende de que seas una persona "disciplinada por naturaleza". Depende de que seas una persona que diseña.

Piensa en cómo funciona el cepillado de dientes. No lo haces porque cada noche te motivas con un discurso. Lo haces porque está integrado en tu identidad y tu rutina. Nadie dice "es que hoy no tuve fuerza de voluntad para cepillarme". Simplemente está incorporado. Con el dinero debería ser similar en lo básico. No por obsesión, sino por higiene financiera. Registrar, revisar, automatizar. Higiene. Lo haces para evitar caries futuras: deudas, estrés, improvisación.

Ahora, este sistema mínimo también tiene un efecto que mucha gente no espera: crea espacio mental. Cuando no tienes claridad financiera, tu mente mantiene tareas abiertas todo el tiempo. "Tengo que revisar eso", "No sé cuánto me queda", "Ojalá no venga un gasto". Esa incertidumbre drena energía. En cambio, cuando tienes tu sistema, esa carga baja. Sabes que hay un momento para revisar. Sabes que el ahorro se hizo. Sabes qué pasó con tus gastos. La mente respira. Y una mente que respira piensa mejor, negocia mejor, se compara menos y construye más.

La estabilidad y la previsibilidad no significan rigidez. Significan estructura. Una estructura flexible. Si una semana se desordena, tu sistema no se rompe: lo ajustas en la revisión. Si un mes entra menos dinero, tu automatización puede adaptarse. La meta no es controlar cada centavo con ansiedad. La meta es tener suficiente claridad para que tu vida no dependa de improvisar.

Al final de esta subsección, quiero que te quedes con una idea que te acompañe sin esfuerzo: la riqueza diaria se construye con higiene, no con heroísmo. El heroísmo es emocionante, pero dura poco. La higiene es discreta, pero cambia tu vida. Registrar te da verdad. Revisar te da dirección. Automatizar te da continuidad. Y continuidad, con el tiempo, se convierte en libertad.

Ese es el outcome real: estabilidad y previsibilidad. No como un estado perfecto donde nunca pasa nada, sino como una base desde la cual lo inesperado no te destruye. Desde esa base, ya podrás hablar de palancas, de activos, de crecimiento. Pero sin esta base, todo lo demás es frágil. Con esta base, incluso un contexto difícil se vuelve manejable. Porque cuando tu sistema está en pie, tu progreso deja de depender de cómo te sientes. Depende de lo que haces, con calma, una y otra vez.

Hábitos de alta palanca: menos decisiones, más control

Cuando ya instalaste el sistema mínimo —registrar, revisar y automatizar— ocurre algo interesante: empiezas a ver que tu problema no era "falta de motivación", sino exceso de fricción. Demasiadas decisiones pequeñas, repetidas, dispersas. Decisiones que parecen inofensivas, pero que, acumuladas, crean fugas de dinero y de energía. La gente suele imaginar que el control financiero es una cuestión de carácter, como si algunos nacieran con disciplina y otros no. En realidad, muchas veces es una cuestión de diseño: reducir el número de decisiones que te desgastan y aumentar la calidad de las que sí importan.

Aquí entran los hábitos de alta palanca. Son hábitos que producen un retorno desproporcionado porque atacan el punto donde se te escapa el sistema. No se trata de hacer más cosas; se trata de eliminar decisiones repetidas, proteger tu atención y construir barreras contra el impulso. Los tres hábitos que vamos a trabajar en esta sección son: "cero decisiones repetidas" mediante plantillas, bloques de foco y reglas anti-impulso como las veinticuatro horas y la lista de espera.

Empecemos con la idea de "cero decisiones repetidas". No significa vivir como un robot. Significa algo más elegante: todo lo que sea repetitivo debe convertirse en plantilla. Cada vez que repites una decisión sin necesidad, estás gastando atención. Y la atención es el recurso más caro, porque es el motor de tu capacidad de producir valor. Si cada semana decides desde cero qué vas a comer, cuándo vas a trabajar profundo, cuánto vas a ahorrar, cómo vas a organizar tu semana, a qué suscripciones sí o no, terminas agotado. Y cuando estás agotado, tu cerebro busca lo fácil: gastar sin pensar, posponer lo importante, caer en entretenimiento infinito, evitar conversaciones difíciles. La falta de plantillas no solo te cuesta tiempo; te cuesta dinero.

Una plantilla es una decisión tomada una sola vez para repetirse muchas. Puede ser un menú básico de comidas que se rota, una lista corta de compras esenciales, un "día fijo" para trámites, un formato para responder a ciertos mensajes, una estructura para la revisión semanal, una regla clara para gastos variables, un horario predefinido para bloques de concentración. Lo importante es que tú decides en frío y ejecutas en caliente. Decidir en frío significa elegir cuando estás tranquilo, sin presión, sin hambre, sin prisa, sin emoción intensa. Ejecutar en caliente significa que, cuando llega el momento real, no te debates; simplemente sigues el plan.

El ejemplo más poderoso es el gasto cotidiano. Muchos gastos innecesarios no nacen de maldad, nacen de improvisación. Sales sin haber comido, llega la tarde y compras lo primero que ves. No planificas una semana mínima y terminas pagando por urgencia. La plantilla reduce urgencia. Y cada vez que reduces urgencia, reduces fugas.

Ahora pasemos a los bloques de foco. Aquí el hábito no está directamente relacionado con recortar gastos, sino con aumentar tu capacidad de generar valor, que al final es el lado más importante de la ecuación. El dinero no se construye solo con tijeras; se construye con creación. Pero crear valor requiere atención profunda. Y la atención profunda no aparece por magia: se protege como se protege una reserva de agua en una ciudad. Si dejas la llave abierta todo el día, al final no hay presión.

Los bloques de foco son períodos específicos donde haces una sola cosa importante sin interrupciones. No son "cuando me inspire". Son una cita fija. La razón es simple: la inspiración es caprichosa, pero la rutina es confiable. Cuando tienes bloques de foco, tu semana deja de ser una serie de reacciones. Empiezas a construir. Y construir, en términos financieros, significa mejorar habilidades, crear ofertas, cerrar acuerdos, aprender lo que te sube de nivel, tomar decisiones con criterio, organizar tu sistema.

Un bloque de foco bien protegido puede valer más que diez horas dispersas.

Hay un detalle que cambia todo: el foco no se trata solo de duración, se trata de pureza. Si tu bloque de foco está lleno de notificaciones, de pestañas abiertas, de mensajes, de pequeños "solo un minuto", entonces no es foco, es simulación. El cerebro no cambia de contexto gratis; cada cambio te cobra. Y te cobra en energía, en calidad y en tiempo. Por eso, el bloque de foco es un hábito de riqueza: te devuelve la capacidad de producir valor con menos desgaste. Alguien con foco puede avanzar en su carrera, en su negocio, en su habilidad, mucho más rápido que alguien que trabaja todo el día distraído. Y eso se traduce en ingresos, oportunidades y propiedad.

El tercer hábito de alta palanca son las reglas anti-impulso. Aquí vamos al corazón de muchas fugas. La compra impulsiva no es solo una transacción; suele ser una respuesta emocional. Y como respuesta emocional, necesita una barrera temporal. No porque el deseo sea "malo", sino porque el impulso es corto y la consecuencia es larga. Una regla simple puede evitar cientos de decisiones malas al año.

La regla de veinticuatro horas es exactamente lo que parece: cualquier compra no esencial por encima de un umbral que tú decides debe esperar un día. No se cancela, no se prohíbe, no se demoniza. Se enfría. Al enfriar, el cerebro cambia de modo. Pasa del sistema rápido, emocional, al sistema más reflexivo. Y en ese paso se gana claridad. Muchas compras pierden su encanto al día siguiente. Y las que no lo pierden suelen ser compras más alineadas con tu vida real.

La lista de espera es una extensión más elegante. En vez de decirte "no", te dices "todavía no". Anotas lo que quieres comprar en una lista, con la fecha y, si puedes, con el motivo. Esa lista cumple dos funciones. Primero, te da la sensación de que no estás negándote, solo estás eligiendo con criterio. Segundo, te permite ver patrones: tal vez siempre quieres comprar cosas cuando estás estresado, o cuando te sientes estancado, o cuando te comparas. La lista revela tu psicología. Y una vez que ves tu psicología, recuperas control.

Estas reglas anti-impulso no son austeridad. Son soberanía. Son decir: mi dinero no lo decide mi emoción del momento. Lo decide mi sistema. Y ese cambio se siente, casi inmediatamente, como alivio. Porque muchas personas gastan y luego sienten culpa, y esa culpa las desgasta, y el desgaste las lleva a gastar otra vez para sentirse mejor. Es un ciclo que parece ridículo cuando lo describes, pero es común. Las reglas lo rompen.

El outcome de esta subsección es que reduzcas fugas y recuperes control. No con vigilancia obsesiva, sino con menos decisiones repetidas, más atención para lo importante y barreras simples contra el impulso. Cuando esto funciona, tu vida financiera empieza a sentirse menos como una dieta y más como una estructura estable. Y esa estabilidad te da algo que vale más que cualquier truco: confianza en tu propia capacidad de sostener lo que construyes.

Dinero y energía: los activos invisibles que sostienen tu riqueza

Ahora vamos a una verdad que mucha gente ignora hasta que se rompe: tu capacidad de producir valor depende de tu energía. Y tu energía depende de factores que casi nunca se contabilizan en un presupuesto: sueño, salud, entorno y atención. Puedes tener la mejor estrategia financiera del mundo, pero si estás agotado, enfermo, rodeado de ruido y viviendo en dispersión, tus decisiones empeoran. Gastas peor. Trabajas peor. Te frustras más. Tomas riesgos tontos o evitas oportunidades buenas. Tu sistema se vuelve frágil.

Por eso, en un libro sobre riqueza diaria, hablar de sueño y salud no es un desvío. Es una parte central. El dinero es una herramienta, sí, pero el motor que lo genera eres tú. Y el motor requiere mantenimiento. Si no lo mantienes, terminas intentando compensar con más horas, más café, más urgencia, y eso suele salir caro: en salud, en relaciones y, paradójicamente, también en dinero.

El sueño es el activo invisible más subestimado. No porque sea "bonito" dormir, sino porque el sueño mejora tu juicio. Y el juicio es el núcleo de la riqueza. Con poco sueño, el cerebro busca recompensas rápidas, tolera menos la incomodidad, se vuelve impulsivo. Es decir: aumenta compras impulsivas, aumenta procrastinación, aumenta irritabilidad, aumenta decisiones pobres. Además, la falta de sueño reduce tu capacidad de concentrarte, lo que baja la calidad de tu trabajo y tu capacidad de aprender. Y si aprendes más lento, tu crecimiento se ralentiza. Si produces peor, tu valor se estanca. El sueño no es descanso; es inversión en criterio.

La salud funciona igual, pero a escala más amplia. Un cuerpo que se siente bien te da constancia. Un cuerpo inflamado, cansado, tenso, te vuelve más reactivo. Y la reactividad es enemiga de la construcción. No necesitas un régimen perfecto, pero sí necesitas reconocer que tu cuerpo es parte del sistema financiero. Alimentarte mejor, moverte un poco, respirar, tener chequeos, no es solo "bienestar": es preservar tu capacidad de ejecutar. Sin ejecución, los principios no sirven.

El entorno también es un activo invisible. Tu entorno físico y social define qué tan fácil o difícil es seguir tu sistema. Si tu casa está llena de tentaciones, si tu trabajo está organizado en caos, si tu teléfono te roba atención cada cinco minutos, si tus conversaciones giran siempre alrededor de quejarse, compararse o consumir, tu sistema se desgasta. No porque seas débil, sino porque estás nadando contra corriente. Diseñar entorno significa hacer que lo correcto sea lo fácil. Significa poner fricción donde te saboteas y quitar fricción donde te construyes. Esto no requiere dinero; requiere intención.

Y la atención es el activo invisible más atacado del siglo. Tu atención es lo que transforma tiempo en valor. No todo el tiempo vale igual: una hora de atención profunda puede valer más que cinco horas dispersas. Por eso, proteger tu atención es proteger tu ingreso potencial. Cuando tu atención está fragmentada, tu trabajo se vuelve superficial. Cuando tu trabajo se vuelve superficial, te vuelves reemplazable. Cuando te vuelves reemplazable, tu poder de negociación baja. Esto suena duro, pero es liberador, porque te muestra dónde actuar.

Aquí hay una idea que quiero que se te quede grabada: recortar gastos es útil, pero proteger tu energía es esencial. Puedes ahorrar cien hoy y perder mil mañana si tu energía colapsa y tomas malas decisiones o pierdes capacidad de producir. La riqueza sostenible se parece más a un estilo de vida entrenado que a una dieta financiera. Las dietas financieras suelen basarse en restricción y culpa. Funcionan un tiempo y luego explotan. Un estilo de vida sostenible se basa en diseño, ritmo y cuidado de los activos invisibles.

Cuando conectas dinero con energía, empiezas a hacer preguntas distintas. En vez de preguntar solo "¿cuánto cuesta?", preguntas "¿qué me cuesta en energía?". Porque hay cosas baratas que te cuestan caro en atención y en salud. Y hay cosas que parecen un gasto, pero en realidad son inversión, porque te devuelven energía, claridad y consistencia. Por ejemplo, comprar comida preparada todos los días puede ser caro y poco saludable, pero también cocinar sin ningún plan puede costarte horas y cansancio. El sistema no es moral; es estratégico. Se trata de elegir lo que te sostenga.

El outcome de esta subsección es que construyas un estilo de vida sostenible. Que dejes de pensar en el dinero como un enemigo que hay que apretar, y lo veas como un componente de un sistema más grande: tu energía. Cuando duermes mejor, decides mejor. Cuando decides mejor, gastas mejor. Cuando gastas mejor, tienes más margen. Cuando tienes más margen, puedes invertir y crear propiedad. Cuando tienes propiedad, reduces estrés. Y cuando reduces estrés, cuidas mejor tu sueño y tu salud. Es un ciclo que se refuerza. Un ciclo virtuoso que no se basa en fuerza, sino en diseño.

Si entiendes esto, tu riqueza diaria deja de ser una lucha constante. Se vuelve una práctica. Una práctica donde tus hábitos financieros están conectados a tu cuerpo, a tu entorno y a tu atención. No porque todo tenga que ser perfecto, sino porque todo está conectado. Y cuando trabajas con esa conexión, el sistema deja de ser frágil. Se vuelve tuyo. Se vuelve estable. Y, con el tiempo, se vuelve expansión.

Capítulo 4 — Sube Ingresos con Palancas

La ecuación real de los ingresos: habilidad rara, reputación, distribución y negociación

Hay una razón por la que tantas personas trabajan duro y, aun así, sienten que sus ingresos no se mueven. No es porque no estén haciendo nada. Es porque están jugando un juego incompleto: el juego de producir sin aumentar su poder de mercado. En términos simples, los ingresos no suben solo por esfuerzo. Suben cuando tu valor percibido y tu capacidad de capturarlo crecen al mismo tiempo. Por eso este capítulo no empieza con "trabaja más" ni con "emprende ya", sino con una ecuación clara. Una ecuación que no depende de suerte, sino de palancas. Los ingresos crecen por una combinación de habilidades raras, reputación, distribución y negociación. Si fortaleces solo una, mejoras un poco. Si fortaleces dos, notas cambio. Si trabajas las cuatro con intención, cambias de categoría.

Empecemos por el concepto que más se malentiende: habilidad rara. "Rara" no significa exótica. No significa que tengas que hacer algo extraño o difícil solo por ser difícil. Rara significa escasa en tu mercado y valiosa para alguien. Es la intersección entre lo que pocas personas hacen bien y lo que genera resultados que alguien está dispuesto a pagar. La rareza puede venir de la dificultad técnica, sí. Pero también puede venir de la combinación de dos habilidades comunes que juntas se vuelven poco comunes. Por ejemplo, alguien que escribe bien y entiende un sector específico. Alguien que sabe vender y a la vez sabe operar con detalle. Alguien que entiende datos y además sabe comunicar con claridad. Mucha gente se obsesiona con "la habilidad del futuro" y se olvida de lo más potente: construir una mezcla que te haga difícil de reemplazar.

La habilidad rara es el motor base, pero no basta. Puedes ser excelente en algo y seguir ganando poco si nadie lo sabe o si no puedes demostrarlo. Ahí entra la reputación. Reputación no es fama. Reputación es confianza acumulada. Es lo que la gente cree que pasará si te contrata, si te recomienda, si trabaja contigo. Y la confianza tiene precio. En mercados reales, dos personas con habilidades similares pueden ganar distinto solo por la diferencia de confianza que inspiran. La reputación se construye con resultados, sí, pero también con consistencia, claridad y responsabilidad. Es lo que haces cuando nadie te mira. Es cumplir plazos. Es entregar calidad. Es comunicar bien. Es hacer que trabajar contigo sea fácil.

Después está la distribución, que es la parte que mucha gente evita porque cree que "no es lo mío" o porque le da vergüenza exponerse. Pero sin distribución, tu habilidad y tu reputación se quedan encerradas. Distribución significa acceso a oportunidades. Significa que tu trabajo llega a más personas, que tu nombre circula, que tu portafolio se ve, que tu perfil está alineado con lo que ofreces. Puede ser una red de contactos bien cuidada, puede ser contenido útil, puede ser un historial público de proyectos, puede ser participar en comunidades, puede ser presentar propuestas, puede ser construir relaciones con personas que te abren puertas. No hace falta volverte influencer. Hace falta dejar de ser invisible.

Por último, negociación. Esta es la palanca que convierte valor en dinero de forma directa. Negociación no es manipulación. Es saber pedir, saber argumentar, saber poner condiciones, saber decir no cuando algo te quita más de lo que te da. Hay personas que aumentan su ingreso solo por aprender a negociar mejor. No porque de repente "valgan más", sino porque dejan de regalar margen. La negociación exige datos, claridad y práctica. Y, sobre todo, exige una identidad distinta: la de alguien que no se disculpa por querer cobrar lo justo.

Ahora bien, esta ecuación no es una lista para memorizar; es un mapa para actuar. Si te sientes estancado, casi siempre hay un eslabón débil. Tal vez tienes habilidad, pero no distribución. Tal vez tienes reputación en un círculo pequeño, pero no negociación para capturar mejor. Tal vez tienes distribución, pero tu habilidad no está enfocada en algo valioso. Tal vez negocias fuerte, pero tu reputación no sostiene el precio. El trabajo de este capítulo es que identifiques tu eslabón débil y lo conviertas en prioridad.

Para empezar a subir ingresos de forma realista, necesitas elegir una habilidad monetizable y construir un plan de práctica. "Monetizable" significa que puede convertirse en resultados para alguien: más ventas, menos costos, más eficiencia, más crecimiento, mejor experiencia, menos riesgo, más claridad. En otras palabras, una habilidad monetizable resuelve un problema que la gente paga por resolver. Aquí es donde mucha gente se confunde: elige habilidades que admira, no habilidades que el mercado compra. Y no se trata de vender el alma; se trata de traducir tu talento en utilidad.

Elegir una habilidad monetizable empieza con tres preguntas. La primera: ¿en qué contexto quieres usarla? No es lo mismo monetizar una habilidad en un empleo, como freelancer, como emprendedor o dentro de una empresa. El contexto define el tipo de oportunidades. La segunda: ¿qué problemas te interesa resolver? Si eliges algo que odias, lo abandonarás. La tercera: ¿dónde hay demanda sostenida y capacidad de pago razonable? No se trata de perseguir modas, sino de detectar áreas donde la gente ya gasta dinero porque el problema es real.

Una vez elegida la habilidad, define tu versión concreta. "Marketing" es demasiado amplio. "Diseño" es demasiado amplio. "Programación" es demasiado amplio. Lo monetizable tiene bordes. Por ejemplo: escribir páginas de venta que convierten, editar vídeos cortos para marcas, automatizar reportes para equipos, diseñar funnels simples, crear sistemas de atención al cliente que reducen tickets, optimizar perfiles y propuestas de ventas, analizar datos de negocio para tomar decisiones, gestionar proyectos complejos sin caos. Cuanto más clara tu habilidad, más fácil demostrarla, cobrarla y mejorarla.

Ahora viene el plan de práctica. Y aquí quiero que seas brutalmente honesto: la práctica no puede depender de tu motivación. Tiene que ser una rutina con un mínimo viable. Si intentas aprender una habilidad con "cuando tenga tiempo", estás diciendo "nunca". El plan de práctica se construye con dos cosas: frecuencia y evidencia. Frecuencia significa que practicas de forma regular, aunque sea poco. Evidencia significa que produces algo que se puede ver, evaluar y mejorar. Sin evidencia, te quedas en teoría. Y la teoría, en términos de ingresos, vale poco.

Diseña tu plan como un contrato simple contigo. Primero, define un bloque fijo de práctica. No tiene que ser largo. La clave es que sea estable. Puede ser cada día una hora, o cuatro veces por semana cuarenta y cinco minutos, lo que sea sostenible. Segundo, define una lista corta de ejercicios que simulen el trabajo real. Si tu habilidad es escribir, escribe. Si tu habilidad es analizar datos, analiza datos. Si tu habilidad es vender, practica conversaciones, crea propuestas, ajusta mensajes. Tercero, crea un sistema de feedback. El feedback puede venir de un mentor, de un colega, de clientes, o incluso de comparar tu trabajo con estándares altos. Sin feedback, practicas errores. Con feedback, practicas mejoras.

Hay una etapa inicial en la que todo esto se siente lento. Eso es normal. Tu cerebro quiere resultados inmediatos. Pero la habilidad rara se construye como un músculo: con repetición deliberada. Y mientras construyes la habilidad, puedes empezar a construir reputación y distribución en paralelo. No necesitas esperar a ser "perfecto" para mostrar tu trabajo. Puedes mostrar tu proceso, tus aprendizajes, tus proyectos pequeños. La reputación se nutre de señales de seriedad: constancia, claridad, responsabilidad. Y la distribución se alimenta de presencia intencional: estar donde están las oportunidades, contribuir, conectar, compartir.

En cuanto a negociación, hay un paso previo que casi nadie menciona: define tu piso. Define el mínimo por debajo del cual no te conviene decir que sí. Ese piso no tiene que ser un número rígido al principio, pero sí una línea. Porque si aceptas cualquier cosa por miedo, tu mente aprende que tu tiempo vale poco, y esa lección interna es difícil de deshacer. Negociar no es solo hablar de dinero; es elegir condiciones que te permitan entregar bien y crecer. Es negociar plazos, alcance, forma de pago, expectativas. Es poner límites sin agresión y sin disculpa.

El outcome que buscamos en esta subsección es claridad sobre cómo subir ingresos de forma realista. Claridad significa que entiendes la ecuación y sabes cuál palanca te falta. Claridad significa que dejas de pensar "necesito un golpe" y empiezas a pensar "necesito una habilidad monetizable con evidencia, reputación con señales, distribución con acceso y negociación con criterio". Claridad significa que sales de la fantasía de que el mercado "te debe" algo por esforzarte, y entras en la realidad más liberadora: puedes aumentar tu valor y tu capacidad de capturarlo, paso a paso.

A partir de aquí, tu pregunta cambia. Ya no es "¿cómo gano más rápido?" sino "¿qué combinación de habilidad, reputación, distribución y negociación voy a fortalecer primero, y qué práctica concreta haré esta semana?" Esa pregunta es un punto de inflexión. Porque cuando la haces en serio, empiezas a construir ingresos como se construye una casa: con estructura. Y una casa bien construida no depende de la suerte del clima. Depende de los cimientos.

Palancas que suben ingresos: precio, volumen, ofertas y conversión/retención

Cuando piensas en subir ingresos, el instinto común es imaginar más trabajo: más horas, más clientes, más esfuerzo. Esa mentalidad es comprensible, pero te deja atrapado en el mismo modelo de siempre: vender tiempo. Vender tiempo significa que tu ingreso crece solo si tu agenda se llena, y cuando la agenda se llena, tu vida se estrecha. En cambio, cuando empiezas a pensar en palancas, cambias de juego. Las palancas son maneras de aumentar ingresos sin multiplicar el desgaste en la misma proporción. No porque todo sea fácil, sino porque el sistema se vuelve más inteligente.

En la práctica, casi cualquier ingreso se puede descomponer en cuatro palancas principales: aumentar precio, aumentar volumen, crear ofertas empaquetadas y mejorar conversión o retención. Lo importante no es aplicar las cuatro a la vez. Lo importante es entender que no estás condenado a "hacer más por más o menos lo mismo". Puedes diseñar una estructura donde lo que vendes sea valor, no minutos.

Aumentar precio es la palanca más directa y, para mucha gente, la más difícil emocionalmente. Subir precio no significa volverte arrogante ni cobrar por encima de lo que entregas. Significa alinear tu precio con el valor que produces y con el mercado al que eliges servir. Hay trabajos que se pagan mal no porque sean inútiles, sino porque están mal posicionados o porque se venden sin una promesa clara. También hay trabajos que se pagan bien porque reducen dolor o aumentan resultados de manera visible. Si tu trabajo ahorra tiempo, reduce riesgos, genera ingresos, mejora conversiones, evita errores costosos o simplifica decisiones importantes, estás en un terreno donde el precio puede y debe reflejar impacto.

Pero subir precio solo funciona si tu oferta está diseñada para sostenerlo. Si vendes "horas", el precio se vuelve una pelea. La gente compara: "¿Por qué tu hora vale más?" En cambio, si vendes un resultado o un entregable con un marco claro, el precio se discute menos. La conversación pasa de "cuánto cobras por hora" a "cuánto vale resolver esto". Y ese cambio te libera.

Aumentar volumen es la palanca que la gente aplica por defecto. Más clientes, más ventas, más proyectos. Puede funcionar, pero tiene trampa: si aumentas volumen sin sistema, te rompes. Por eso volumen debe venir con estructura: procesos, plantillas, límites, claridad de alcance. No se trata de aceptar más cosas; se trata de construir una forma repetible de entregar valor. En negocios y en carreras, el volumen sano es el que se apoya en una máquina, aunque sea pequeña. Esa máquina puede ser tu manera de captar oportunidades, tu forma de cerrar acuerdos, tu proceso de entrega, tu sistema de seguimiento. Sin máquina, el volumen se convierte en caos. Y el caos, tarde o temprano, te cuesta reputación, energía y dinero.

Crear ofertas empaquetadas es una palanca especialmente poderosa para dejar de vender tiempo. Una oferta empaquetada es un producto o servicio con un alcance definido, un proceso claro y un resultado esperado. En lugar de decir "hago consultoría", dices "en dos semanas te entrego esto, con este método, para lograr esto". Empaquetar reduce incertidumbre para el cliente y reduce improvisación para ti. Y cuando reduces improvisación, tu entrega mejora y tu margen crece.

Además, empaquetar te permite hacer algo que el mercado premia: especialización sin encerrarte. Puedes diseñar dos o tres ofertas para problemas específicos que sabes resolver bien. Con eso, tu marketing se vuelve más simple, tu propuesta se vuelve más clara y tu precio se justifica mejor. La gente compra claridad. Compra saber qué obtiene y qué cambia después de pagarte.

Empaquetar, en el fondo, es traducir tu habilidad en una promesa concreta.

La cuarta palanca es conversión y retención. Conversión significa que, de las oportunidades que ya tienes, cierras más. Retención significa que los clientes o empleadores que ya confían en ti se quedan, compran de nuevo o te recomiendan. Esta palanca suele ser la más eficiente porque trabaja con lo que ya existe. Mejorar conversión no siempre requiere más tráfico; requiere mejor mensaje, mejor oferta, mejor seguimiento, mejor prueba. Mejorar retención no siempre requiere regalar más; requiere entregar bien, comunicar bien, poner expectativas claras y construir confianza. Y la confianza es un multiplicador silencioso: reduce fricción, reduce negociación dura y aumenta el valor percibido.

Ahora, para activar estas palancas necesitas un elemento central: una propuesta de valor clara. Mucha gente pierde ingresos no por falta de habilidad, sino porque no sabe explicar qué hace de forma que el otro entienda por qué vale. Se esconden detrás de títulos vagos o descripciones largas. Y cuando tu mensaje es confuso, el mercado te castiga con precios bajos. La claridad es rentable.

Aquí tienes un método para reescribir tu propuesta de valor en una sola frase, sin adornos. No es un slogan; es una herramienta de precisión. Vas a construirla en tres partes: a quién ayudas, qué resultado produces y cómo lo logras de manera distintiva. Empieza por lo primero: elige un tipo de persona o empresa. No "todos". Un segmento. Luego, el resultado: una mejora concreta que importa. No "ayudo a crecer", sino "aumentar conversiones", "reducir tiempos", "mejorar retención", "ordenar procesos", "cerrar más ventas", "reducir errores". Y por último, el mecanismo: tu enfoque o método. Puede ser una metodología, un sistema, una combinación de habilidades, un proceso específico.

Una frase clara suena así: "Ayudo a X a lograr Y mediante Z". Si esa frase no te provoca un poco de vértigo al ser tan directa, probablemente aún es vaga. Porque la claridad obliga a elegir. Y elegir da miedo porque excluye. Pero la exclusión es precisamente lo que te hace memorable. Cuando intentas servir a todos, pareces igual a todos. Cuando te especializas en resolver un problema concreto, te vuelves una referencia.

La prueba final de tu frase es esta: ¿alguien que te escucha entiende qué cambias en su vida o en su negocio? ¿Entiende por qué debería pagarte? Si no lo entiende, no es su culpa; es tu mensaje. La claridad no es un lujo de marketing, es una parte de tu economía personal.

Cuando aplicas las palancas con una propuesta de valor clara, ocurre la transformación que buscamos: dejas de vender tiempo y empiezas a vender resultados. Tus conversaciones cambian. Tus precios se sostienen mejor. Tus decisiones se vuelven más estratégicas. Y tu trabajo se vuelve más escalable, porque ya no depende únicamente de llenar horas.

Cobrar más sin sabotaje: protocolo contra el miedo y el impostor

Si subir ingresos fuera solo cuestión de entender palancas, mucha gente lo habría logrado ya. Pero hay un enemigo silencioso que aparece justo cuando vas a dar el paso: el miedo a cobrar más y el síndrome del impostor. No siempre llegan con una voz dramática. A veces llegan como prudencia excesiva, como perfeccionismo, como “todavía no”, como “mejor lo dejo barato para que acepten”, como “no quiero parecer interesado”. Y así, sin que te des cuenta, terminas atrapado en un lugar cómodo para tu inseguridad y caro para tu futuro.

El síndrome del impostor no significa que seas falso. Significa que tu identidad aún no se acostumbró al nivel que estás intentando ocupar. Estás creciendo, y tu mente intenta protegerte del riesgo de rechazo. El problema es que esa protección te mantiene pequeño. Por eso necesitas un protocolo. No un discurso motivacional, sino una secuencia práctica para negociar con calma: evidencia, casos, límites y comunicación.

Evidencia es lo primero. No puedes cobrar más solo porque “sientes” que vales más. Puedes cobrar más cuando puedes mostrar señales de valor. La evidencia se construye con resultados medibles, con entregables claros, con comparaciones antes y después, con testimonios, con métricas simples. Si estás en empleo, evidencia puede ser proyectos entregados, mejoras logradas, responsabilidades asumidas, impacto en números o en procesos. Si trabajas por tu cuenta, evidencia puede ser casos, resultados, ejemplos de trabajo, mejoras concretas. La evidencia no necesita ser perfecta, necesita ser honesta y específica. Lo específico es creíble. Lo general suena a humo.

Luego vienen los casos. Un caso es una historia corta con estructura: problema, acción, resultado. No es un cuento largo; es un puente entre tu trabajo y el valor que produces. Los casos funcionan porque el cerebro humano cree más cuando ve una secuencia. “Hice X y pasó Y” es más fuerte que “soy bueno”. Construir tres casos decentes puede cambiar tu forma de negociar porque te da suelo. Cuando te sientas inseguro, no discutes con tu mente; te apoyas en hechos.

El tercer elemento son límites. Esta parte es clave, porque el miedo a cobrar más suele estar asociado a no saber decir no. Si no tienes límites, cada cliente o jefe puede estirar el alcance, pedir extras, mover plazos, y tú cedes para “demostrar” que vales. Eso destruye tu margen, tu energía y, al final, tu reputación. Los límites protegen la calidad. Protegen tu foco. Protegen tu salud. Y paradójicamente, los límites aumentan tu valor percibido. La gente respeta más a quien tiene marco que a quien se adapta a todo. Un límite claro puede ser: qué incluye tu oferta y qué no, cuántas revisiones, tiempos de respuesta, forma de pago, alcance. En empleo, límites pueden ser: qué responsabilidades asumes y cuáles requieren ajuste de rol o compensación, horarios, prioridades, capacidad real.

Por último, comunicación. La comunicación es la manera en que presentas tu valor sin disculparte y sin atacar. Es hablar con calma, con claridad, con enfoque en resultados. La comunicación evita dos extremos: suplicar o pelear. Suplicar te baja. Pelear te quema. Comunicar bien es describir el valor, presentar condiciones y dejar espacio para que la otra parte decida. Tu trabajo no es convencer a cualquiera; es encontrar acuerdos que sean buenos para ambos.

Un protocolo funciona así: antes de negociar, preparas evidencia y casos. Luego defines tus límites: cuál es tu piso, cuál es el alcance, qué condiciones son necesarias. Después practicas una comunicación simple. No larga. Simple. Algo como: "Para lograr este resultado, trabajo con este alcance y estas condiciones. Este es el precio". Y luego silencio. El silencio es parte de la negociación, porque te impide justificar en exceso. Justificar de más suele ser una forma de pedir perdón por querer cobrar.

El miedo a cobrar más suele disminuir cuando conviertes la negociación en un proceso repetible. Cuando sabes qué decir, qué mostrar y qué aceptar, tu sistema nervioso se calma. Ya no estás improvisando con tu autoestima. Estás ejecutando un protocolo. Y eso cambia tu energía: pasas de tensión a presencia.

El outcome de esta subsección es que negocies con calma y sin auto-sabotaje. Que no necesites inflarte ni actuar como alguien que no eres. Que puedas pedir lo justo con serenidad. Que entiendas que cobrar más no es un acto de ego, es un acto de alineación: alineación entre el valor que produces, la energía que inviertes y la estructura que quieres construir. Porque si tu meta es riqueza sostenible, necesitas margen. Y el margen se crea cuando dejas de regalar tu valor por miedo.

A partir de aquí, subir ingresos deja de ser un deseo difuso y se vuelve una disciplina práctica. Palancas claras, propuesta de valor clara, y un protocolo para sostener el precio sin temblar. Eso es lo que hace que el crecimiento sea realista. No perfecto, no mágico, pero real. Y lo real, cuando se repite, compone.

Capítulo 5 — De Ingresos a Activos

Ingreso, ahorro y activos: el margen como la forma más práctica del poder

Hay un momento en la vida financiera en el que te das cuenta de algo que duele porque es verdad: ganar más no te cambia si sigues gastando igual. O peor: si gastas más. Es una escena común, casi universal. Llega un aumento, un mejor cliente, un mes bueno, un bono, una nueva oportunidad. Durante unos días te sientes más liviano. Luego, sin darte cuenta, tu estilo de vida se ajusta. Mejoras un poco aquí, te permites algo allá, te acostumbras a un estándar nuevo. Y de repente vuelves a sentir la misma presión, solo que con números más grandes. Es como subir de nivel en un videojuego y descubrir que el monstruo también subió contigo. La sensación de estancamiento no viene de que no ganes; viene de que no convertiste ese ingreso en estructura.

Por eso este capítulo es un punto de inflexión. Hasta ahora has trabajado tu mapa mental, principios que multiplican, hábitos diarios y palancas para subir ingresos. Ahora toca la pregunta que separa a quien "gana" de quien "construye": ¿qué pasa con tu dinero después de entrar? Si todo lo que entra se va, estás en un ciclo de producción y consumo. Si una parte se queda y se convierte en activos, estás en un ciclo de composición. Y el puente entre esos dos ciclos se llama margen.

Antes de hablar de activos, necesitamos diferenciar tres conceptos que muchas personas mezclan: ingreso, ahorro y activos. El ingreso es lo que entra. Es tu salario, tus ventas, tus honorarios, tu facturación. Es el flujo. El ahorro es lo que no gastas de ese flujo. Es la parte que se queda contigo en forma líquida: cuentas, efectivo, depósitos. Y los activos son lo que compras o construyes con parte de ese flujo y de ese ahorro para generar valor futuro: pueden producir ingresos, crecer, protegerte o darte opciones. El error común es creer que ingreso es riqueza. Ingreso es potencia, pero no es poder si no lo conviertes. A veces es solo ruido: mucho movimiento y poca base.

Este error se ve en una frase que la gente dice sin mala intención: "Yo gano bien, pero no sé en qué se me va". Esa frase es el sonido de un sistema sin margen. Porque si no sabes en qué se va, no estás decidiendo; estás reaccionando. Y en finanzas, reaccionar es caro. Te vuelve vulnerable a imprevistos. Te empuja a deuda. Te quita tranquilidad. Y, lo más importante, te deja sin combustible para construir activos.

Margen es la distancia entre lo que ganas y lo que gastas. Ese espacio no es moral. No es "ser austero" por obligación. Es combustible. Es libertad en estado líquido. Es el pequeño espacio que te permite elegir en vez de sobrevivir. Con margen puedes decir no a un trabajo malo. Puedes aguantar un mes flojo sin pánico. Puedes aprender una habilidad sin sentir que te hundes. Puedes invertir con calma en lugar de apostar con desesperación. Puedes negociar mejor porque no estás atrapado. Puedes tomar decisiones desde estrategia, no desde urgencia. Por eso el margen es poder.

La mayoría subestima el margen porque lo imagina como "dejar de disfrutar". Pero eso es una confusión típica: confunden margen con privación. Margen no es vivir triste. Margen es vivir con estructura. De hecho, el margen bien construido suele aumentar el disfrute, porque reduce ansiedad. No hay placer real cuando todo es frágil. Hay momentos, sí, pero debajo vive el miedo a que un imprevisto lo rompa. El margen te quita esa tensión de fondo. Te permite disfrutar sin sentir culpa, porque sabes que tu base está cubierta.

Ahora bien, construir margen no se trata solo de recortar gastos, aunque recortar puede ser parte. Construir margen es diseñar una diferencia estable. No una diferencia accidental. Y esa diferencia estable requiere dos movimientos: controlar la salida y mejorar la entrada. Pero el orden importa. Si estás empezando, el margen suele venir primero del control de la salida, porque es lo más inmediato. Si tienes un sistema, el margen crece al mejorar la entrada con palancas, porque ahí está el potencial grande. En ambos casos, el principio es el mismo: el margen se protege como se protege una reserva. No se deja "a ver si sobra".

Aquí hay una verdad que incomoda: la mayoría de las personas no pierde margen por grandes decisiones, sino por fugas pequeñas repetidas. No siempre es el gran gasto; es la suma de los "no es para tanto". Es el gasto que calma una emoción, la suscripción que no se usa, el pedido por falta de planificación, el "ya veré" que se convierte en hábito. Por eso el margen requiere hábitos, no solo intención. Requiere el sistema mínimo que ya construiste: registro, revisión, automatización. Porque sin esos hábitos, el margen se convierte en una promesa que se rompe cuando el día se pone difícil.

Otra razón por la que el margen se evapora es el fenómeno que casi nadie quiere admitir: la inflación del estilo de vida. Cuando ganas más, tu entorno interno te empuja a igualarte con tu nueva cifra. Te dices que te lo mereces, que ya era hora, que ahora sí puedes. Y puedes, claro. Pero si mejoras tu consumo antes de construir tu base, te estás robando el futuro para pagar el presente. Es una transferencia silenciosa. El problema es que el presente siempre tiene hambre. Siempre encontrará algo nuevo que "mereces". El sistema real pone una regla: el aumento primero crea margen, luego el margen crea activos, y recién después mejoras estilo de vida. No como castigo, sino como estrategia de libertad.

¿Y por qué el margen es poder, en términos prácticos? Porque el margen te compra tiempo y opciones, y tiempo y opciones son las dos monedas invisibles de la riqueza. Con margen, el tiempo deja de ser una amenaza. No necesitas tomar la primera oportunidad que aparezca. Puedes elegir la que te sube de nivel. Con margen, las opciones aparecen. La gente cree que las oportunidades llegan por suerte; muchas llegan porque tienes capacidad de decir que sí cuando otros no pueden. Si surge un curso, un proyecto, una inversión, una mudanza, una transición laboral, una emergencia familiar, el margen hace que tu vida sea flexible. Sin margen, cualquier cambio es una crisis.

El margen también es poder porque te protege del riesgo. Suena contradictorio: ¿cómo algo tan simple como gastar menos de lo que ganas te protege del riesgo? Te protege porque reduce la fragilidad. Si tu vida está calibrada para gastar casi todo lo que entra, cualquier variación te hunde. Y la variación es parte de la vida: un mes peor, una factura médica, un arreglo, un cliente que tarda, un cambio de mercado. El margen absorbe golpes. Un sistema sin margen es un vaso lleno hasta el borde: una gota y se derrama.

Además, el margen te permite hacer el paso que cambia todo: convertir dinero en activos. Los activos no aparecen por deseo. Aparecen por excedente. No hay activos sin margen, a menos que te endeudes. Y endeudarte para construir activos puede ser una estrategia avanzada en ciertos contextos, pero para la mayoría, al inicio, es un riesgo innecesario. El margen te permite construir sin urgencia y con paciencia. Y paciencia es una ventaja competitiva en dinero. La gente impaciente compra caro y vende barato, se mete en cosas que no entiende, se quema. La gente paciente, con margen, puede esperar, comparar, aprender, decidir.

Ahora, para que esto no se quede en una idea bonita, quiero que entiendas el margen como una pieza del sistema, casi como una fuerza física. Si tu sistema financiero fuera una máquina, el margen sería la presión interna. Si no hay presión, la máquina no mueve nada. Puedes tener ingresos, puedes tener actividad, puedes tener intención, pero sin presión, no hay movimiento hacia activos. En cambio, cuando hay margen, incluso pequeño, se crea una dinámica: tu margen alimenta tu ahorro, tu ahorro alimenta tu capacidad de invertir, tu inversión alimenta tu propiedad, tu propiedad reduce tu dependencia, y esa reducción de dependencia te permite tomar mejores decisiones que aumentan ingresos. Es un ciclo que se fortalece con el tiempo. Es la composición aplicada a tu vida.

Hay una frase que resume esto sin dramatismo: el margen es la diferencia entre tener dinero y tener poder. Tener dinero puede ser solo un momento. Tener poder es tener capacidad de elegir. Y esa capacidad de elegir se construye con una distancia estable entre lo que entra y lo que sale.

Quiero que te quedes con una imagen final. Imagina dos personas con el mismo ingreso. Una gasta casi todo. Vive bien, pero con tensión. Cada mes es una carrera. La otra tiene un margen, aunque no sea enorme. No vive peor; vive con estructura. Esa estructura le permite crear un fondo para imprevistos, luego invertir un poco, luego mejorar habilidades, luego negociar con calma, luego elegir mejores oportunidades. Después de un año, esas dos personas no están en el mismo lugar, aunque su ingreso inicial fuera idéntico. Y esa diferencia no nació de un secreto; nació del margen.

El outcome de esta subsección es exactamente ese: que entiendas por qué el margen es poder. No como concepto abstracto, sino como combustible del sistema. Si a partir de hoy haces del margen una prioridad, tu vida financiera deja de ser una serie de meses y empieza a convertirse en una trayectoria. Y una trayectoria, con continuidad, es lo que te lleva de ingresos a activos.

Un mapa de activos: liquidez, inversión diversificada, activos productivos y propiedad intelectual

Cuando ya entiendes que el margen es el combustible, aparece una pregunta inevitable: "¿Y ahora qué hago con ese combustible?" Aquí es donde mucha gente se equivoca por ansiedad. Ven una oportunidad, un consejo, un video, un amigo que "ganó mucho", y saltan sin mapa. El salto puede salir bien una vez, pero el azar no es un sistema. Tú no estás construyendo una historia para contar; estás construyendo una estructura para sostener tu vida. Por eso necesitas un mapa de activos. Un mapa que te ayude a decidir sin improvisar, sin perseguir lo último que suena emocionante, y sin convertir cada decisión en una ruleta emocional.

Antes de entrar en categorías, un recordatorio responsable: esto es educación, no asesoramiento financiero individual. Tu país, tus impuestos, tu situación, tus obligaciones, tu edad, tu salud, tu tolerancia real al riesgo, tu estabilidad laboral, todo importa. Lo que aquí vas a obtener no es una receta universal; es un marco para pensar. Un marco para hacer preguntas correctas y reducir decisiones impulsivas. La idea es que tengas criterio, y que cuando busques ayuda profesional, puedas conversar con claridad en lugar de delegar en ciego.

Ahora sí: categorías de activos. A grandes rasgos, podemos ordenar los activos en cuatro familias que cumplen funciones distintas en tu sistema: liquidez, inversión diversificada, activos productivos y negocio o propiedad intelectual. No compiten entre sí; se complementan. Cada una responde a un horizonte diferente y a un tipo de riesgo diferente. Y la clave no es elegir "la mejor", sino construir una combinación coherente con tu vida.

Liquidez es tu base. Es el dinero disponible, accesible, que puedes usar sin penalizaciones ni drama. A menudo se materializa en cuentas bancarias, instrumentos de muy bajo riesgo, fondos de emergencia. La liquidez tiene mala prensa porque no "rinde" mucho comparada con inversiones más agresivas. Pero su función no es impresionar; su función es protegerte. La liquidez te compra tranquilidad y capacidad de respuesta. Te evita vender inversiones en mal momento para cubrir un imprevisto. Te permite decir no a una mala decisión tomada por urgencia. Te permite soportar meses irregulares si tu ingreso es variable. En un sistema real, la liquidez es como los amortiguadores de un coche: no te hacen ir más rápido, te permiten no romperte.

¿Cómo eliges cuánta liquidez necesitas? Depende del horizonte y de tu estabilidad. Si tu ingreso es estable y tus gastos son previsibles, tu necesidad de liquidez suele ser menor. Si tu ingreso es variable, si tienes dependientes, si estás en transición, si tu sector es incierto, la liquidez sube de prioridad. No por miedo, sino por diseño. La liquidez también define tu tolerancia psicológica al riesgo: puedes invertir mejor cuando sabes que tu base está cubierta. Sin base, cualquier fluctuación se siente como amenaza, y terminas tomando decisiones malas por pánico.

La segunda categoría es inversión diversificada. Aquí entran instrumentos que buscan crecimiento a medio y largo plazo, distribuyendo riesgo en lugar de concentrarlo en una sola apuesta. La palabra clave es diversificación. Diversificar no es aburrido, es supervivencia. Es aceptar que no controlas el futuro y que, por lo tanto, no pones todo tu destino en una carta. La inversión diversificada suele incluir carteras que reparten exposición entre distintos activos, sectores, geografías y, según el caso, distintos niveles de riesgo. La función de esta categoría es poner a trabajar tu margen para que el tiempo sea aliado. No está diseñada para resolver una emergencia mañana; está diseñada para construir continuidad.

Aquí el horizonte importa mucho. Si tu horizonte es corto, la volatilidad puede lastimarte, porque quizá necesites el dinero cuando el mercado esté abajo. Si tu horizonte es largo, la volatilidad se vuelve menos amenazante y más parte del camino. Por eso, cuando eliges inversión diversificada, la pregunta base no es "¿cuánto puedo ganar?" sino "¿cuánto tiempo puedo dejarlo quieto sin tocarlo?" Esa pregunta te salva de decisiones impulsivas.

La tercera categoría son activos productivos. Un activo productivo es algo que genera flujo de caja o que aumenta tu capacidad de producir valor de forma consistente. Puede ser una herramienta, un equipo, una plataforma, un sistema, una licencia, una formación aplicada, una base de clientes, incluso un proceso que reduce costos o aumenta eficiencia. Aquí el concepto se amplía porque no todo activo productivo es "financiero" en el sentido clásico. Pero en un sistema real de riqueza, muchos de los mejores activos productivos son invisibles desde fuera: son cosas que te permiten ganar más o gastar menos de manera estable.

Lo poderoso de los activos productivos es que tienen una relación directa con tu vida diaria. Si eres autónomo, invertir en un sistema de ventas, en una oferta bien empaquetada, en un proceso de entrega, puede rendir más que una inversión financiera al principio, porque aumenta tu flujo y tu control. Si trabajas en empleo, un activo productivo puede ser una habilidad rara que te sube de categoría, una certificación práctica, un proyecto que te posiciona, una herramienta que multiplica tu rendimiento. Esto no es "gasto en ti" como frase motivacional. Es inversión cuando se traduce en resultados concretos: más ingresos, más oportunidades, más poder de negociación, más estabilidad.

La cuarta categoría es negocio y propiedad intelectual. Esta familia incluye lo que construyes y te pertenece como sistema de creación de valor: un negocio, un producto, una marca, un curso, un libro, una comunidad, un software, un método, cualquier cosa que pueda generar valor más allá de una hora específica de tu tiempo. La propiedad intelectual es especial porque, bien construida, puede escalar de manera distinta. Pero también requiere paciencia, claridad y distribución. No es "ingreso pasivo" por arte de magia. Es construcción activa al inicio, con retorno potencial a largo plazo.

Elegir entre estas categorías no es un examen. Es un diseño. Tu horizonte es la brújula: ¿necesitas estabilidad inmediata, construcción a medio plazo, o crecimiento de largo plazo? Tu tolerancia al riesgo es el cinturón de seguridad: no la tolerancia teórica cuando todo va bien, sino la tolerancia real cuando hay incertidumbre. Mucha gente cree que tolera riesgo hasta que ve una pérdida temporal. Por eso, el mapa te pide honestidad. No puedes copiar la estrategia de alguien con otra vida. Si copias, te vuelves frágil.

Una forma de decidir sin improvisar es asignar funciones. La liquidez cumple la función de protección. La inversión diversificada cumple la función de crecimiento y composición. Los activos productivos cumplen la función de aumentar capacidad y flujo. El negocio o la propiedad intelectual cumple la función de expansión y escalabilidad. Cuando entiendes funciones, dejas de hacer preguntas erróneas como "¿cuál es el mejor activo?" y empiezas a hacer preguntas útiles: "¿qué función necesito fortalecer en esta etapa?"

El outcome de esta subsección es que construyas un mapa. Un mapa que no te diga qué hacer, sino cómo pensar. Con ese mapa, cada decisión deja de ser una reacción a una noticia o a una recomendación, y se convierte en una elección alineada con tu horizonte, tu tolerancia al riesgo y tu etapa de vida.

Límites y errores típicos: trampas que te roban años

Ahora toca hablar de lo que puede destruir tu sistema, incluso si tienes margen y buenas intenciones. La riqueza se construye tanto por lo que haces como por lo que evitas. Y hay errores típicos que se repiten porque apelan a emociones humanas: la necesidad de certeza, el deseo de atajos, el orgullo, el miedo a quedarse fuera, la comparación. Esta subsección es una vacuna: no elimina el riesgo, pero reduce la probabilidad de caer en trampas comunes.

El primer error es concentrarse en una sola apuesta. Puede ser una acción específica, una criptomoneda, un negocio con un solo cliente, una inversión "segura" según alguien, una idea que parece brillante. Concentración puede dar grandes resultados si sale bien, pero también puede destruirte si sale mal. El problema no es apostar; el problema es apostar con lo que no puedes perder y llamar a eso estrategia. Un sistema real no pone toda su estabilidad en una variable. Diversificar no es falta de valentía; es respeto por la incertidumbre.

La concentración suele venir de una historia seductora. "Si esto sale, cambio mi vida." Y puede ser cierto. Pero la pregunta que te salva es: "Si esto no sale, ¿me rompe?" Si la respuesta es sí, entonces no es construcción; es ruleta. La construcción busca escenarios donde el peor caso sea manejable. No porque seas pesimista, sino porque eres serio. Tu vida no es una jugada; es un proceso.

El segundo error típico es ignorar comisiones, fricciones y costos invisibles. A veces la gente se obsesiona con la rentabilidad y se olvida de lo que paga por obtenerla. Comisiones de gestión, de compra, de venta, impuestos, spreads, costos de mantenimiento, costos de oportunidad. Incluso en negocios, los costos invisibles existen: tiempo de soporte, devoluciones, herramientas, publicidad mal optimizada, desgaste emocional. Lo que importa no es lo que "rinde" en teoría, sino lo que te queda neto, con fricción incluida.

Ignorar comisiones es especialmente peligroso porque las comisiones son silenciosas. No duelen en un día, duelen en años. Y lo peor es que roban composición. Si la composición es el fenómeno más poderoso, cualquier cosa que la erosione de manera constante es un enemigo serio. Por eso, una mentalidad de proceso pregunta siempre: "¿Cuál es el costo total de mantener esto?" No solo el costo visible, también el invisible.

El tercer error, quizá el más tóxico, es perseguir "rentabilidad garantizada". Cada vez que escuches la palabra garantizado en el mundo de la inversión, tu sistema debería encender una alarma. No porque no existan instrumentos de menor riesgo, sino porque en finanzas la garantía real es rara y casi siempre viene con condiciones claras, regulaciones y rendimientos acordes al riesgo. La "rentabilidad alta garantizada" es una contradicción en términos. Y esa promesa suele ser el anzuelo clásico de estafas, esquemas piramidales o productos opacos.

La necesidad de garantía nace de un lugar humano: el miedo. Quieres certeza. Quieres control. Pero el camino real hacia riqueza sostenible no elimina incertidumbre; la gestiona. Por eso el enfoque correcto no es "asegurar ganancias", sino "construir un proceso robusto". Un proceso robusto incluye diversificación, horizonte, límites de exposición, claridad de costos, y sobre todo, paciencia. La paciencia es una protección contra promesas demasiado buenas.

Otros errores se esconden dentro de estos tres. Por ejemplo, perseguir lo que sube porque temes quedarte fuera. O vender en pánico cuando baja. O moverte de estrategia cada mes. O invertir en cosas que no entiendes solo porque alguien lo dijo con seguridad. O confundir complejidad con sofisticación. La complejidad a veces es una cortina. Un sistema real no necesita que todo sea complejo; necesita que sea entendible y sostenible.

Por eso, la mentalidad que queremos que adoptes aquí es una mentalidad de proceso. La mentalidad de proceso no pregunta "¿cuánto puedo ganar rápido?" pregunta "¿qué decisión puedo repetir sin destruirme?" No pregunta "¿cuál es el activo perfecto?" pregunta "¿cuál encaja con mi horizonte y mi tolerancia real?" No pregunta "¿qué dice el mercado hoy?" pregunta "¿qué hago yo, consistentemente, sin improvisar?" Esa mentalidad reduce muchísimo la probabilidad de caer en trampas, porque la mayoría de trampas se alimentan de impulsos.

El outcome de esta subsección es que reduzcas probabilidades de errores graves. No se trata de evitar todo riesgo, se trata de evitar riesgos tontos. Los riesgos tontos son los que tomas por emoción, por ignorancia voluntaria o por presión social. Los riesgos inteligentes son los que tomas con límites, con diversificación, con horizonte, con claridad de costos, y con un plan de salida.

Si sales de este capítulo con una cosa, que sea esto: los activos no son una apuesta aislada. Son piezas de un sistema. Y un sistema se construye con margen, con mapa y con límites. Con esas tres cosas, el dinero deja de ser una montaña rusa y se convierte en una ruta. Una ruta donde el progreso no depende de acertar una vez, sino de decidir bien muchas veces. Esa es la diferencia entre suerte y riqueza sostenible.

Capítulo 6 — Riesgo, Protección y Antifrágil

La infraestructura invisible: fondo de emergencia, deudas y seguros antes del techo

Hay una parte de la construcción de riqueza que casi nadie presume en redes, que rara vez se convierte en una historia emocionante y que, sin embargo, separa a quienes construyen de quienes solo tienen rachas: la protección. La infraestructura. Esa capa que no brilla, pero sostiene. Fondo de emergencia, manejo de deudas y seguros no son temas glamorosos, y precisamente por eso muchos los posponen. El problema es que lo pospuesto se convierte en fragilidad. Y la fragilidad financiera no suele nacer de una gran tragedia; muchas veces nace de una sola mala semana.

Una mala semana puede ser tan simple como esto: se rompe algo en casa, aparece una factura inesperada, tu coche necesita reparación, te enfermas y pierdes días de trabajo, un cliente se retrasa, un familiar necesita ayuda, se acumulan pagos, sube la ansiedad, tomas decisiones apresuradas. No es el apocalipsis; es la vida. Pero si tu sistema no tiene infraestructura, esa semana se convierte en un punto de quiebre. Y cuando se quiebra, no solo pierdes dinero. Pierdes claridad, pierdes continuidad, pierdes energía, pierdes confianza. Empiezas a vivir en modo reacción. En ese modo, cualquier plan de activos, inversión o crecimiento se vuelve frágil, porque estás construyendo techo sobre un piso agrietado.

Por eso este capítulo empieza con una idea que quiero que te tomes en serio: antes de buscar techo, refuerza el piso. El piso es tu capacidad de resistir el golpe sin derrumbarte. Tu capacidad de absorber lo inesperado sin destruir tu margen, sin endeudarte de manera desesperada, sin vender inversiones en el peor momento, sin caer en un ciclo de vergüenza y urgencia. El piso no es "tener mucho"; es tener estructura.

La primera pieza de esa estructura es el fondo de emergencia. La gente suele escucharlo como una recomendación aburrida: "ahorra para emergencias". Pero visto como infraestructura, el fondo de emergencia es otra cosa: es tu amortiguador. Es tu aire. Es lo que te permite vivir sin que cada imprevisto se sienta como una amenaza existencial. Un fondo de emergencia no es un objetivo moral, no es una señal de que eres "responsable". Es una herramienta práctica para evitar decisiones malas. Y muchas decisiones malas ocurren cuando no tienes tiempo. El fondo de emergencia te compra tiempo.

Tiempo para pensar antes de endeudarte. Tiempo para negociar un pago. Tiempo para elegir un trabajo mejor en lugar de aceptar el primero que aparezca. Tiempo para recuperarte de un bache sin romper tu sistema. Por eso, cuando alguien dice "no puedo ahorrar", a veces la respuesta más realista no es "ahorra más", sino "construye el mínimo viable de fondo para que la vida no te saque del camino". Incluso un fondo pequeño, si está diseñado con intención, cambia tu psicología. Porque deja de existir esa sensación de que todo depende de que nada salga mal. La vida siempre tiene imprevistos. El fondo te permite incorporarlos sin drama.

Ahora, el fondo de emergencia no es solo una cifra. Es una regla de uso. Si lo conviertes en una cuenta de caprichos, desaparece. Si lo conviertes en una reserva intocable incluso cuando hay emergencias reales, tampoco sirve. Infraestructura significa que sabes qué entra en la categoría "emergencia": cosas inesperadas, necesarias y urgentes. No "me apetece un viaje". No "quiero comprar esto". Emergencia es aquello que, si no lo cubres, te genera un costo mayor: salud, vivienda, transporte esencial, obligaciones básicas, continuidad laboral. Tener esa regla evita que tu sistema se auto-sabotee.

La segunda pieza de la infraestructura es cómo manejas la deuda. La deuda, como herramienta, no es siempre mala. El problema es la deuda frágil: la que nace de urgencia, la que tiene intereses altos, la que se acumula sin plan, la que te quita margen y te roba futuro. La deuda frágil es como una grieta en el piso: quizás no se nota en días buenos, pero en una mala semana se abre y te traga. Y la razón es simple: la deuda reduce tu flexibilidad. Te obliga a pagar pase lo que pase. Convierte tu mes en una lista de obligaciones que no negocian. Y cuando tu vida está llena de pagos fijos altos, tu sistema pierde capacidad de adaptarse.

Aquí hay un punto importante: la deuda no solo tiene un costo financiero, tiene un costo mental. Cada deuda que no controlas es una tarea abierta en tu cabeza. Un recordatorio constante de que estás corriendo detrás. Ese estado mental te vuelve más impulsivo, más irritable, menos paciente. Y esa pérdida de paciencia te empuja a decisiones financieras peores. Es un círculo. Por eso, tratar la deuda como infraestructura significa convertirla en un plan, no en una sombra. Significa saber qué debes, a quién, bajo qué condiciones, y cómo vas a reducirla de forma ordenada. No desde culpa, sino desde estrategia.

Hay dos actitudes típicas frente a la deuda que crean fragilidad. Una es la negación: no mirar, no calcular, no enfrentar. La otra es el heroísmo desordenado: intentar pagar todo de golpe y quedarte sin liquidez, lo cual te hace vulnerable al primer imprevisto y te obliga a endeudarte otra vez. Infraestructura significa equilibrio: pagas deuda, sí, pero sin destruir tu capacidad de resistir. Porque si pagas y te quedas sin reserva, tu piso sigue frágil. Un sistema real busca reducir deuda mientras construye amortiguadores. No es lo uno o lo otro. Es el orden inteligente según tu caso.

La tercera pieza, a menudo subestimada, son los seguros. Mucha gente los ve como un gasto que "ojalá nunca use". Esa perspectiva es comprensible, pero incompleta. El seguro, en esencia, es la transferencia de un riesgo que podría destruirte a cambio de un costo fijo manejable. No es una inversión para ganar dinero; es una inversión para no perderlo todo en un evento grande. Y el evento grande no es una fantasía. Puede ser un accidente, una enfermedad, un daño a la vivienda, una responsabilidad civil. Son cosas que no planeas y que, si ocurren, pueden arrasar tu margen y tu capacidad de construir. El seguro es infraestructura porque evita que un solo evento te saque años de progreso.

Pero aquí también aplica el enfoque responsable: los seguros dependen de tu país, de tus leyes, de tu situación personal. Por eso no voy a decirte qué seguro contratar ni en qué monto. Lo que sí puedo darte es el principio: identifica riesgos catastróficos, aquellos que, si pasan, te rompen. Luego busca cómo cubrirlos de forma razonable, evitando pagar por coberturas absurdas o redundantes. Un seguro bien elegido es el que te permite dormir sin miedo, no el que te deja sin margen por querer cubrirlo todo. Y, de nuevo, esto es marco, no receta. En muchos casos, hablar con un profesional y revisar condiciones concretas vale la pena, precisamente porque aquí los detalles importan.

Cuando juntas fondo de emergencia, deuda ordenada y seguros razonables, construyes una cosa que casi nadie valora hasta que la necesita: resiliencia. Resiliencia financiera significa que la vida puede golpearte y tú no te quiebras. No porque seas invencible, sino porque tu piso está reforzado. Y un piso reforzado cambia tu forma de jugar el juego de la riqueza. Te permite tomar riesgos inteligentes, porque no estás apostando tu supervivencia. Te permite invertir con horizonte, porque no necesitas sacar dinero en pánico. Te permite negociar con calma, porque no estás desesperado. Te permite construir activos sin miedo a que una mala semana lo destruya todo.

Ahora, hablemos de fragilidad de forma directa. La fragilidad financiera suele verse así: no tienes margen, tienes pagos fijos altos, no tienes reserva, y cualquier cambio pequeño te empuja al borde. En ese estado, el riesgo se vuelve un monstruo. Te vuelves averso a todo, o haces locuras buscando un golpe que te saque. Ambos extremos nacen del mismo lugar: piso débil. Y un piso débil te roba una de las cosas más valiosas para construir riqueza: la paciencia. Sin paciencia, caes en atajos. Con paciencia, construyes.

Hay un matiz importante: reforzar el piso no es frenar tu crecimiento, es acelerarlo a largo plazo. Puede sentirse lento al principio porque no estás "haciendo cosas emocionantes", estás construyendo defensa. Pero esa defensa es lo que te permite sostener ofensiva después. Es como entrenar estabilidad antes de levantar más peso. Si no estabilizas, te lesionas. Y una lesión te detiene más que cualquier entrenamiento de base.

El outcome de esta subsección es que refuerces tu piso antes de buscar techo. Que dejes de ver estas piezas como aburrimiento y las veas como infraestructura: el sistema que evita que una semana te rompa la vida. Porque la riqueza sostenible no se mide solo en cuánto ganas, sino en cuánto puedes sostener. No se trata de evitar todo problema. Se trata de estar preparado para que el problema no te saque del camino.

Si te llevas una sola frase, que sea esta: el riesgo no se elimina, se diseña. Y el diseño empieza por el suelo. Cuando el suelo es firme, puedes construir más alto sin miedo a que la primera sacudida te derrumbe. Esa es la diferencia entre crecer con ansiedad y crecer con calma. Entre correr detrás del dinero y construir una vida que lo sostiene.

Gestión de riesgo: diversificar, limitar y tener reglas de salida

En el capítulo anterior hablamos de activos y de margen; aquí vamos a hablar del elemento que puede convertir esos activos en un motor o en un incendio: el riesgo. La mayoría de las personas tiene una relación emocional con el riesgo porque lo confunde con peligro inmediato o con oportunidad brillante. En una semana se sienten invencibles; en otra, se sienten estúpidos. Esa montaña rusa no es inevitable. Es el resultado de tomar decisiones sin un sistema de gestión. Gestionar riesgo no significa vivir con miedo ni evitar oportunidades. Significa convertir el riesgo en algo medible, limitado y planificado, para que tus decisiones sean más frías y consistentes.

Hay tres pilares que transforman el riesgo en algo manejable: diversificación, límites por apuesta y reglas de salida. Si instalas estas tres piezas, el riesgo deja de ser un monstruo abstracto y se convierte en una variable. Y las variables se manejan. No te controlan.

Diversificación es el primer pilar porque se basa en una verdad simple: no sabes lo que va a pasar. Nadie lo sabe de forma consistente. Por eso, si apuestas todo a una sola cosa, estás confundiendo convicción con certeza. La diversificación es una forma inteligente de decir: "Quiero crecer, pero no quiero depender de un único resultado". No es una renuncia al rendimiento; es una defensa contra la ruina. Porque en finanzas hay un concepto que importa más que ganar mucho un año: evitar quedar fuera del juego. Si una mala apuesta te deja sin capital o sin capacidad emocional para continuar, perdiste algo más valioso que dinero: perdiste continuidad.

Diversificar no es solo "tener varias cosas". Es distribuir riesgo de manera que los golpes no te peguen todos en el mismo lugar. Eso puede significar mezclar clases de activos, sectores, geografías o incluso distintos tipos de ingresos. También puede significar diversificar el tipo de riesgo: no todo es riesgo de precio; también hay riesgo de liquidez, de contraparte, de concentración, de tiempo. Una cartera puede tener buen rendimiento "en papel" y aun así ser frágil si no puedes vender cuando lo necesitas. Por eso, diversificación real incluye mirar cómo se comporta tu sistema en escenarios distintos: si tu ingreso baja, si el mercado cae, si hay una crisis sectorial, si tienes un gasto grande inesperado.

El segundo pilar son los límites por apuesta. Este es el punto donde el riesgo se vuelve matemático en lugar de emocional. Un límite por apuesta es una regla previa que define cuánto de tu capital puedes exponer a una sola decisión. Es tu manera de decir: "Puedo equivocarme sin destruirme". Y esto cambia todo, porque el miedo y la euforia suelen nacer de una misma pregunta implícita: "¿Y si esto sale mal?" Si la respuesta es "me arruina", tu emoción dominará. Si la respuesta es "me dolerá, pero lo puedo soportar", tu mente se vuelve más clara.

Los límites por apuesta funcionan tanto en inversiones como en decisiones de negocio. En inversión, un límite evita que una idea te consuma. En negocio, un límite evita que un cliente o un proyecto te deje expuesto. Por ejemplo, si una sola fuente de ingreso representa una parte demasiado grande de tu flujo, tu riesgo real es alto, aunque estés ganando bien. Si un solo activo domina tu patrimonio, estás concentrado. El límite te obliga a mantener proporciones saludables.

Aquí hay una regla mental útil: cuando algo te entusiasma mucho, es cuando más necesitas un límite. El entusiasmo te hace pensar que "esta vez es distinto". El límite te recuerda que tu futuro no depende de que tu intuición tenga razón. Depende de que tu sistema sobreviva a tus errores inevitables. Porque cometerás errores. Todos los cometen. La diferencia es cuánto te cuestan.

El tercer pilar, y el más ignorado, son las reglas de salida. La mayoría de la gente entra a una inversión o a una decisión con energía, pero sin un plan de salida. Eso los deja atrapados en el peor momento: cuando el precio cae o cuando la idea se complica. Ahí la emoción toma el volante. O vendes por pánico en el fondo, o te aferras por orgullo, o duplicas la apuesta para "recuperar". Sin reglas de salida, el riesgo no es riesgo; es una prueba de carácter bajo presión. Y bajo presión, el carácter se distorsiona.

Una regla de salida responde a dos preguntas: cuándo parar y cuándo reducir exposición. Parar puede significar cerrar una posición cuando se rompe el motivo por el que entraste. Reducir exposición puede significar tomar ganancias parciales o disminuir riesgo cuando tu cartera se volvió desbalanceada. Lo importante es que estas reglas se escriben antes, cuando tu mente está fría. No se improvisan en medio de la tormenta.

¿Y cómo conviertes el riesgo en algo medible, no emocional? Lo haces con escenarios y números simples. No necesitas modelos sofisticados para ser disciplinado. Necesitas claridad sobre tres cosas: cuánto puedes perder sin comprometer tu estabilidad, cuánto tiempo puedes sostener una posición sin tocarla, y qué señal concreta te indica que el plan cambió. Esas tres variables crean un marco que reduce la improvisación.

Una práctica que ayuda mucho es pensar en términos de "exposición total" en lugar de pensar solo en cada decisión aislada. Por ejemplo, puedes tener varias inversiones distintas, pero si todas dependen del mismo factor —el mismo sector, la misma economía, el mismo tipo de riesgo— entonces tu exposición total sigue concentrada. Medir riesgo significa ver la foto completa. ¿Qué pasa si tu sector entra en crisis? ¿Qué pasa si suben tasas? ¿Qué pasa si cae el consumo? ¿Qué pasa si tienes un mes sin ingresos? Medir riesgo es preguntarte por la resiliencia del conjunto, no por la emoción de una parte.

Cuando instalas diversificación, límites y reglas de salida, ocurre el outcome que buscamos: decisiones más frías y consistentes. "Frías" no significa insensibles; significa no secuestradas por el momento. "Consistentes" significa repetibles: tu sistema decide incluso cuando tú estás cansado o excitado. Esa consistencia, con el tiempo, vale más que una gran intuición ocasional. Porque una intuición ocasional puede darte un pico. Un sistema consistente te da una trayectoria.

Fraudes, hype y FOMO: cómo protegerte cuando tu emoción quiere comprar

Si hay un lugar donde el riesgo se vuelve realmente peligroso, es cuando alguien externo intenta activar tus emociones para que tomes decisiones rápidas. Fraudes, hype y FOMO no son solo fenómenos del internet; son mecanismos psicológicos antiguos con ropa moderna. El objetivo es el mismo: apagar tu criterio y encender tu urgencia. Y cuando la urgencia manda, el sistema se rompe.

Vamos a empezar por una idea sin rodeos: si algo promete rentabilidad alta con garantía o con "casi cero riesgo", tu alarma debería sonar. No porque no existan instrumentos de bajo riesgo, sino porque la combinación de alta rentabilidad y garantía no encaja con cómo funciona el mundo real. Cuando alguien te vende seguridad absoluta y retorno alto, normalmente te está vendiendo opacidad. Y la opacidad es donde crecen los fraudes.

Las señales rojas suelen repetirse. Una de las más comunes es la presión por decidir rápido: "solo hoy", "plazas limitadas", "última oportunidad", "si no entras ahora te lo pierdes". A veces la escasez es real, pero en inversiones y productos financieros esa urgencia suele ser una herramienta, no una necesidad. Otra señal roja es la falta de claridad: explicaciones complicadas que suenan inteligentes, pero no responden preguntas básicas. Si no puedes entender de dónde sale el rendimiento, qué riesgos existen, cómo se custodia el dinero, cómo se retira, qué comisiones hay, quién regula, quién audita, entonces no estás invirtiendo; estás creyendo.

Otra señal roja es la autoridad teatral. Personas que muestran coches, capturas de pantalla, testimonios exagerados, estilos de vida perfectos. Eso no prueba nada. Es marketing emocional. El sesgo humano es pensar: "Si lo muestran con tanta seguridad, debe ser real". Pero la seguridad es barata. Lo caro es la transparencia verificable.

También hay promesas imposibles disfrazadas de "estrategias secretas". Frases como "esto funciona siempre", "no puedes perder", "es matemático", "los bancos no quieren que lo sepas", "es un loophole" suelen apelar a una parte de ti que quiere sentirse especial, como si hubieras encontrado un acceso VIP al juego. Esa necesidad de sentirse especial es una puerta de entrada a decisiones malas. El sistema real no necesita secretos; necesita procesos.

El hype es otra cosa: no siempre es fraude, pero suele ser combustible para errores. El hype es cuando un activo o una idea se vuelve un fenómeno social. La gente habla, los precios suben, aparecen historias de ganancias rápidas. Ahí surge el FOMO, el miedo a quedarse fuera. Y el FOMO es un sesgo poderoso porque te hace confundir "sube" con "seguro" y "todo el mundo lo hace" con "es inteligente". En esos momentos, tu cerebro social manda: no quieres quedar fuera del grupo. Pero el mercado no premia pertenencia; premia criterio.

El FOMO tiene síntomas. Te hace revisar el precio constantemente. Te hace imaginarte arrepentido si no compras. Te hace entrar con más dinero del que habías planeado. Te hace romper tus límites por apuesta. Te hace olvidar tu horizonte. Te hace buscar confirmación y evitar crítica. Es decir, te vuelve emocionalmente ciego.

¿Cómo te proteges cuando tu emoción quiere apretar comprar? Necesitas un protocolo, igual que con la negociación. Un protocolo simple que te obligue a pasar de impulso a análisis. Primero, pausa. No una pausa de segundos, una pausa real. La regla de veinticuatro horas, que ya viste en hábitos, aquí se vuelve un escudo. Segundo, preguntas básicas: ¿entiendo cómo se genera el rendimiento? ¿qué podría salir mal? ¿qué pasa si esto cae fuerte? ¿puedo aguantarlo sin vender en pánico? ¿qué comisiones y fricciones hay? ¿qué regulación o custodia existe? Tercero, límite: aunque te encante, ¿cuál es el máximo que expones sin romper tu sistema? Cuarto, salida: ¿qué señal me haría salir o reducir?

Si no puedes responder esas preguntas con claridad, tu decisión no es inversión; es impulso. Y el impulso, en finanzas, es una tasa oculta que pagas con arrepentimiento.

Otra herramienta para protegerte es reconocer tus sesgos. No para sentirte culpable, sino para no ser manipulado por ellos. El sesgo de confirmación te hace buscar solo opiniones que apoyan lo que quieres hacer. El sesgo de disponibilidad te hace creer que algo es común porque lo has visto mucho en redes. El sesgo de manada te empuja a copiar. El sesgo de exceso de confianza te hace pensar que tú sí podrás salir "a tiempo". Y el sesgo de anclaje te hace obsesionarte con un precio que viste y creer que volverá allí. Conocer estos sesgos te permite poner barreras. No necesitas eliminar tu humanidad; necesitas diseñar alrededor de ella.

El outcome de esta subsección es que aprendas a protegerte justo cuando más vulnerable estás: cuando la emoción te pide rapidez. Porque los errores más caros no ocurren en días tranquilos. Ocurren cuando estás excitado, ansioso, comparándote, o sintiendo que la vida se te va. En esos estados, tu mente quiere una solución instantánea. Y ahí es donde los fraudes y el hype hacen su trabajo.

Tu sistema, si está bien construido, te da una salida elegante: no decides en el pico emocional. Decides con protocolo. Eso no te vuelve lento; te vuelve sólido. Y la solidez, con el tiempo, es lo que te permite crecer sin romperte.

En resumen, la antifragilidad no es ausencia de riesgo. Es capacidad de beneficiarte del orden, y resistir el caos, porque tu piso está reforzado y tus decisiones no dependen de tu emoción del día. Cuando el mundo se acelera, tú tienes frenos. Y tener frenos no es miedo. Es poder.

Capítulo 7 — Estrategia Mental para No Caer

Cuando tu mente sabotea el sistema: comparación, impaciencia y autoexigencia

No es que no sepas qué hacer. Muchas personas saben, en teoría, que deberían registrar gastos, automatizar ahorro, invertir con criterio, cuidar su energía, subir ingresos por palancas. Lo saben. Han leído, han visto videos, han escuchado consejos. Y aun así abandonan. No porque sean incapaces, sino porque la mente rompe sistemas cuando el sistema empieza a exigir continuidad. El enemigo no suele ser la falta de información; es la psicología del proceso. La comparación, la impaciencia y la autoexigencia son tres fuerzas silenciosas que, juntas, pueden convertir un plan sólido en una montaña de intentos fallidos. Este capítulo existe para que no caigas por el motivo más común: un mal día interpretado como un fracaso total.

Empecemos por algo que se siente personal, pero es universal: el cerebro no está diseñado para la paciencia moderna. Está diseñado para sobrevivir en entornos inciertos, para buscar recompensas rápidas, para evitar dolor social, para ahorrar energía. En el mundo del dinero, esas tendencias naturales se vuelven trampas. Porque construir riqueza sostenible requiere lo contrario: decisiones pequeñas repetidas, tolerancia a lo lento, capacidad de sostener un plan aunque no haya aplausos inmediatos. Tu mente, si no la entrenas, interpreta ese silencio como "no está funcionando" y te empuja a cambiar de rumbo, a buscar un atajo, o a castigarte por no ser perfecto. En ese momento no abandonas por falta de estrategia; abandonas por cómo interpretas tu experiencia.

La comparación es la primera fuerza. Comparación no es solo mirar a otros; es medir tu valor en función de una narrativa externa. Y hoy esa narrativa está siempre encendida: redes sociales, historias de éxito, capturas de pantalla, gente que habla de dinero como si fuera un juego fácil. Cuando te comparas, el progreso real se vuelve invisible porque tu atención se va hacia lo que te falta. Puedes haber mejorado tus hábitos, creado margen, ordenado deudas, aprendido una habilidad, y aun así sentirte atrás porque alguien está en un yate o porque alguien dice que ganó en un mes lo que tú ganas en un año. La comparación convierte tu camino en una carrera que no elegiste. Y cuando sientes que estás perdiendo una carrera, tu cerebro quiere dos salidas: acelerar de forma irracional o rendirse.

El problema de la comparación no es solo emocional; es estratégico. Te empuja a copiar planes de personas con contextos distintos. Te hace saltar de palanca en palanca porque piensas que "eso" es lo que funciona. Te hace subestimar lo simple, porque lo simple no se ve espectacular. Y así se rompe el sistema. No porque el sistema sea malo, sino porque lo reemplazas por un collage de ideas ajenas cada vez que sientes incomodidad.

La segunda fuerza es la impaciencia. Impaciencia es la necesidad de resultados rápidos para calmar una sensación interna. No necesariamente ambición. La impaciencia suele ser ansiedad disfrazada. Quieres ver que funciona ya, porque si no funciona ya, temes que nunca funcione. Entonces cambias. Abandonas. Empiezas otra cosa. Esa espiral no solo te quita tiempo; te quita confianza. Porque cada intento abandonado se convierte en evidencia emocional de "yo no soy constante". Y esa identidad, una vez instalada, es pesada.

La riqueza se compone, y la composición tiene una fase inicial donde parece que no pasa nada. Esa fase es el precio de entrada. El problema es que la mente interpreta esa fase como fracaso. "Estoy haciendo todo y no cambia." Pero sí cambia. Cambia tu estructura interna: tu claridad, tus hábitos, tu margen, tu criterio. Solo que esos cambios no siempre se ven en el primer mes. La impaciencia te roba el beneficio de la acumulación. Es como plantar semillas y desenterrarlas cada dos días para ver si crecieron. Al final, no crecen. No porque la semilla sea mala, sino porque no la dejaste en paz.

La tercera fuerza es la autoexigencia. Y aquí hay una trampa sutil: la autoexigencia se disfraza de virtud. Suena como "quiero hacerlo bien". Pero en exceso, se vuelve perfeccionismo, y el perfeccionismo es un sistema diseñado para abandonar. ¿Por qué? Porque el perfeccionismo no permite errores. Y en cualquier proceso real, los errores son inevitables. Cuando el perfeccionista falla —cuando gasta de más un día, cuando se salta una revisión semanal, cuando pierde una oportunidad, cuando comete un error— no lo interpreta como "una desviación normal". Lo interpreta como prueba de que no sirve. Y entonces castiga. Y el castigo agota. Y el agotamiento lleva a más errores. Y el ciclo termina en abandono. No abandonas por un mal día. Abandonas por lo que ese mal día "significa" en tu cabeza.

Por eso necesitas distinguir disciplina de castigo. Disciplina es un acto de cuidado hacia tu futuro. Castigo es un acto de agresión hacia tu presente. Disciplina te hace volver al camino con calma. Castigo te hace pagar con culpa. Disciplina se basa en reglas simples y repetibles. Castigo se basa en emociones intensas y promesas dramáticas: "Nunca más", "Soy un desastre", "Ahora sí me pongo duro". Disciplina entiende que el cuerpo y la mente tienen días malos y aun así mantiene el mínimo. Castigo exige máximo rendimiento incluso cuando estás roto.

¿Cómo se siente la disciplina? Se siente estable. A veces incómoda, sí, pero clara. Es como una barandilla: te guía. ¿Cómo se siente el castigo? Se siente tenso, apretado, resentido. Es como una jaula. Y si tu sistema se siente como jaula, lo vas a romper para respirar. Por eso, el objetivo no es tener más fuerza, sino tener un sistema que se sienta como una estructura que te protege, no como una condena.

Aquí entra una idea clave: planificar recaídas. La mayoría de la gente no abandona porque recaiga; abandona porque no esperaba recaer. Piensa que un desliz es una señal de que todo se derrumbó. Pero los procesos humanos no son líneas rectas. Son curvas, retrocesos, ajustes. Planificar recaídas significa asumir que habrá semanas imperfectas y diseñar un protocolo de regreso. No un protocolo para ser perfecto, sino para volver rápido.

Una recaída financiera puede ser un gasto impulsivo, una semana sin registrar, un mes donde no ahorraste, una decisión emocional, una compra por comparación. También puede ser una recaída mental: dejar de mirar, evitar, postergar, entrar en pánico. La pregunta no es si pasará; la pregunta es qué harás cuando pase. Si no lo defines, en el momento improvisas, y la improvisación bajo culpa suele terminar en abandono.

Planificar recaídas empieza con el "mínimo de continuidad". ¿Qué es lo mínimo que mantienes incluso en tu peor semana razonable? Ese mínimo es tu ancla. Puede ser registrar solo los gastos grandes. Puede ser hacer una revisión semanal corta de cinco minutos. Puede ser mantener automatización aunque no hagas nada más. Puede ser no tocar el fondo de emergencia salvo emergencia real. Ese mínimo te mantiene conectado al sistema. Y estar conectado es lo que te permite volver sin drama.

Luego viene el "ritual de retorno". Un ritual simple que haces el primer día que vuelves a sentir control. No un castigo, no una limpieza emocional, no una promesa eterna. Algo concreto: revisas tus números sin juicio, identificas la desviación principal, haces un ajuste pequeño y retomas el plan. El ritual de retorno tiene una función: cortar la narrativa de "ya lo arruiné". Porque esa narrativa es la que mata la continuidad. Lo que arruina no es el error; es la historia que construyes alrededor.

Hay otra pieza que ayuda mucho: separar identidad de comportamiento. Hiciste una compra impulsiva no significa que seas impulsivo como identidad. Significa que tu sistema tuvo un fallo en un contexto específico. Estabas cansado, ansioso, te comparaste, te sentiste vacío, te diste permiso. Eso es un dato, no una etiqueta. La disciplina mira datos. El castigo pone etiquetas. "Soy un desastre" no es un dato, es una sentencia. Y las sentencias destruyen la motivación de largo plazo porque te quitan la esperanza de cambio.

También es importante entender que la mente ama los extremos. Quiere que, si un día fallas, todo sea un fracaso. Quiere que, si un día lo haces bien, seas "nuevo" para siempre. Ambos extremos son falsos. Tú no eres tu mejor día ni tu peor día. Eres tu promedio con intención. Y el promedio se construye con retornos rápidos, no con promesas gigantes.

El outcome de esta subsección es exactamente ese: que dejes de abandonar por un mal día. Que cuando la comparación te apriete, recuerdes que tu camino no es un concurso. Que cuando la impaciencia te grite, recuerdes que lo que se compone al principio es invisible pero real. Que cuando la autoexigencia te quiera castigar, elijas disciplina como cuidado, no castigo como violencia. Y que, sobre todo, tengas un plan para recaídas, porque el plan para recaídas es el verdadero secreto de la consistencia.

Un sistema financiero no se rompe por falta de ideas. Se rompe por interpretaciones. Si cambias tus interpretaciones, cambias tu capacidad de sostener. Y si sostienes, el tiempo hace su trabajo. El tiempo, en finanzas y en hábitos, es el multiplicador más grande. Pero solo multiplica lo que se mantiene. Por eso este capítulo no es motivación. Es estrategia mental para no caer. Porque no necesitas ser perfecto. Necesitas volver. Y volver, una y otra vez, es lo que convierte un intento en una vida nueva.

Herramientas de consistencia: identidad, rituales y métricas que no dependen del ánimo

La motivación es un visitante. Entra, te levanta, te empuja, te hace sentir que todo es posible… y luego se va sin avisar. Si tu sistema financiero depende de ese visitante, te va a dejar tirado una y otra vez. Por eso, cuando hablamos de estrategia mental para no caer, el verdadero objetivo no es "sentirte motivado", sino volverte consistente. Y la consistencia no se fabrica con discursos; se construye con herramientas concretas que te mantienen en rumbo cuando el ánimo baja, cuando la semana se complica o cuando aparece la tentación de abandonar.

Hay tres herramientas que funcionan como pilares de consistencia: identidad, rituales de revisión y métricas de proceso. Estas tres piezas están diseñadas para algo específico: sacar tus decisiones del terreno emocional y llevarlas al terreno estructural. Porque tu mente puede estar nublada, pero tu estructura puede seguir funcionando.

La identidad es el primer pilar, porque lo que haces de forma repetida no depende tanto de lo que quieres como de lo que crees que eres. Las personas no sostienen hábitos para "lograr cosas"; sostienen hábitos para ser coherentes con su autoimagen. Si te percibes como alguien desordenado con el dinero, incluso cuando haces algo bien, tu mente buscará una manera de volver al guion habitual. No por maldad, sino por coherencia interna. La identidad es una fuerza de gravedad. Por eso, la frase "soy alguien que…" es una herramienta poderosa cuando se usa con honestidad.

El error común es usar la identidad como afirmación mágica: "Soy rico", "Soy disciplinado", "Soy inversor". Eso no funciona si tu realidad interna lo contradice, porque suena vacío. La identidad útil se construye con acciones pequeñas y verificables. No dices "soy alguien perfecto con el dinero". Dices algo específico, alcanzable y repetible: "Soy alguien que registra mis gastos básicos", "Soy alguien que revisa mis números cada semana", "Soy alguien que se paga a sí mismo primero", "Soy alguien que no compra impulsivamente sin esperar", "Soy alguien que vuelve al plan cuando se desvía". Esta identidad no te exige un salto. Te exige un gesto repetido. Y ese gesto repetido, con el tiempo, se vuelve verdad.

Lo importante es que tu identidad sea un ancla, no una máscara. Una identidad ancla te ayuda a decidir en el momento crítico. Por ejemplo, estás por comprar algo por impulso. El deseo te empuja y tu mente encuentra razones. En ese instante, si tu identidad está clara, aparece una frase que te sostiene: "Yo soy alguien que espera veinticuatro horas antes de comprar esto". No estás discutiendo con el deseo; estás obedeciendo tu identidad. Y obedecer identidad es más fácil que pelear con emoción, porque la emoción cambia, pero la identidad bien elegida permanece.

Ahora, ¿cómo se instala esa identidad? Con evidencia. Cada vez que cumples el hábito mínimo, le das a tu mente una prueba. La mente no se convence con palabras; se convence con pruebas repetidas. Por eso, en vez de prometerte "ahora sí", tu trabajo es acumular micropruebas: cumplí el registro hoy, hice la revisión esta semana, respeté la automatización, no toqué el fondo de emergencia para caprichos, volví después de un desliz. Con micropruebas, la identidad deja de ser aspiración y se vuelve descripción.

El segundo pilar son los rituales de revisión. Un ritual es un comportamiento que se repite de la misma forma y reduce fricción. La revisión semanal, que ya viste como hábito, aquí se convierte en ritual mental. No es solo mirar números; es cerrar la semana y abrir la siguiente con intención. Y la magia del ritual no está en su duración, sino en su regularidad. El ritual le dice a tu sistema nervioso: "Hay un momento para pensar esto". Eso reduce ansiedad, porque la ansiedad financiera muchas veces nace de tareas abiertas y de incertidumbre difusa.

Un ritual de revisión efectivo tiene un tono específico: neutral, curioso, sin castigo. Si lo conviertes en un juicio, lo evitarás. Si lo conviertes en una ceremonia sencilla, lo sostendrás. En esa revisión no buscas perfección; buscas dirección. Te preguntas qué funcionó, qué falló y qué ajuste pequeño harás. Ese ajuste pequeño es clave, porque convierte la revisión en acción. Sin ajuste, la revisión es contemplación. Con ajuste, es navegación.

Además, el ritual te ayuda a manejar recaídas. Si tu semana fue desordenada, la revisión es tu puente de regreso. No necesitas "sentirte listo". Solo necesitas sentarte y mirar. El acto de mirar ya es disciplina. Es un mensaje interno: "No huyo". Y no huir es lo que te permite construir.

El tercer pilar, quizá el más liberador, son las métricas de proceso. La mayoría mide solo resultados: cuánto gané, cuánto ahorré, cuánto invertí, cuánto debo. Esas métricas importan, claro. Pero cuando mides solo resultados, te vuelves vulnerable a las oscilaciones. Un mes malo te desmoraliza. Un mes bueno te relaja demasiado. Y en ambos casos, el rumbo se mueve. Las métricas de proceso, en cambio, miden lo que tú controlas: tus acciones, tu consistencia, tu claridad. Son métricas que te permiten sentir progreso incluso cuando el número final tarda en reflejarlo.

Una métrica de proceso puede ser tan simple como "cuántos días registré", "hice mi revisión semanal sí o no", "respeté mi automatización", "esperé antes de comprar", "tuve un bloque de foco para aumentar ingresos", "hice una conversación difícil que estaba evitando". Estas métricas te dan una sensación de avance real porque son la causa, no el efecto. Y cuando te concentras en la causa, el efecto llega por acumulación.

Además, las métricas de proceso te protegen del autoengaño. Porque puedes decirte “estoy trabajando en esto” y, sin embargo, no hacer lo esencial. Las métricas te obligan a ver la verdad de forma amable: hice o no hice. Y esa claridad es la base de la mejora. No te humilla; te orienta.

Cuando instalas identidad, rituales y métricas de proceso, ocurre el outcome que buscamos: mantienes el rumbo incluso sin motivación. Te conviertes en alguien que no necesita estar inspirado para hacer lo básico. Y hacer lo básico, de manera constante, es lo que cambia tu vida financiera más que cualquier idea brillante.

La relación emocional con el dinero: culpa, miedos y conversaciones que sostienen el crecimiento

Si la parte técnica del dinero fuera suficiente, nadie tendría problemas. Pero el dinero no vive solo en cuentas; vive en emociones, en historia familiar, en autoestima, en miedo, en lealtades invisibles. Por eso, sostener crecimiento requiere reducir fricción interna y externa. Interna, en lo que sientes y piensas sobre el dinero. Externa, en las conversaciones y acuerdos con las personas con las que compartes vida.

La culpa es una emoción central. Hay culpa por gastar, culpa por querer más, culpa por tener más que otros, culpa por venir de un pasado difícil, culpa por no haber empezado antes. La culpa suele presentarse como moral, pero muchas veces es un intento de mantener pertenencia. Si en tu entorno se criticaba a la gente con dinero, prosperar puede sentirse como traición. Si creciste con carencias, gastar puede sentirse como irresponsabilidad o como alivio prohibido. La culpa crea un vaivén: restringes demasiado y luego explotas. O avanzas y luego te saboteas para "volver a tu lugar". Ese vaivén destruye consistencia.

Para reducir la culpa, necesitas un marco nuevo: el dinero como herramienta. No como identidad. No como prueba de valor. Herramienta. Una herramienta se usa con criterio. A veces se guarda, a veces se invierte, a veces se disfruta. El problema no es gastar; es gastar para calmar emociones sin reconocerlo. El problema no es querer más; es querer más para llenar un vacío que el dinero no llena. Cuando el dinero vuelve a ser herramienta, la culpa pierde terreno, porque ya no estás jugando a ser "bueno" o "malo". Estás diseñando.

Luego están los miedos. Miedo a perder es el más evidente. Puede hacerte evitar invertir, evitar negociar, evitar riesgos incluso cuando son razonables. Ese miedo, si manda, te mantiene pequeño. Pero también existe miedo a ganar, y es menos reconocido. Miedo a ganar puede sonar extraño, pero es real: ganar implica responsabilidad, implica exponerte, implica que otros te miren, implica que tu vida cambie. A veces, ganar activa la pregunta "¿y si no lo sostengo?" o "¿y si me critican?" o "¿y si me vuelvo alguien que no quiero ser?" Ese miedo puede hacer que rechaces oportunidades, que cobres menos, que postergues decisiones importantes, que minimices tu ambición.

La forma de trabajar estos miedos no es eliminarlos, sino darles un marco y límites. El miedo a perder se calma con infraestructura: fondo de emergencia, diversificación, límites por apuesta. El miedo a ganar se calma con identidad y valores: definir qué tipo de riqueza quieres, qué límites éticos tienes, qué estilo de vida buscas, qué te importa de verdad. Cuando sabes quién quieres ser con dinero, ganar deja de ser amenaza y se vuelve expansión controlada.

Ahora, la fricción externa suele venir de las conversaciones difíciles. Dinero en pareja o familia puede ser un campo minado porque toca poder, seguridad, libertad y heridas antiguas. Muchas parejas no discuten por números; discuten por lo que los números representan. Uno puede ver el ahorro como seguridad, el otro como restricción. Uno puede ver el gasto como disfrute, el otro como irresponsabilidad. Uno puede querer arriesgar, el otro quiere estabilidad. Si no se habla, el dinero se convierte en guerra silenciosa: compras escondidas, resentimiento, reproches, control. Ese ambiente mata cualquier sistema.

La clave aquí es cambiar el enfoque de "tú estás mal" a "nuestro sistema necesita acuerdos". En lugar de discutir cada gasto como un juicio moral, acuerdan reglas. Reglas simples que protegen a ambos: un monto de gasto libre sin explicación, una revisión mensual conjunta, objetivos compartidos, transparencia en deudas, límites para decisiones grandes. Las reglas reducen conflicto porque reducen interpretación. Y, sobre todo, crean confianza, que es un activo invisible.

También es importante reconocer que hablar de dinero no es hablar de dinero. Es hablar de miedo, de sueños, de vergüenza, de control. Por eso, la conversación difícil empieza mejor cuando se habla de intención: "Quiero que estemos bien", "Quiero que tengamos margen", "Quiero que podamos elegir", "Quiero que esto no sea fuente de tensión". Cuando el propósito está claro, el resto se vuelve negociable. Si empiezas con acusaciones, el otro se defiende. Si empiezas con propósito, el otro puede colaborar.

Y aquí hay una pieza práctica: separar "decisiones pequeñas" de "decisiones grandes". Las pequeñas deben tener automatismos para no discutirlas todo el tiempo. Las grandes deben tener un ritual: se hablan con calma, se espera, se revisan opciones, se decide con información. Ese ritual protege a la pareja y al sistema. Reduce compras impulsivas que luego generan peleas. Reduce resentimiento. Reduce el "yo pensé que…".

El outcome de esta subsección es que reduzcas fricción interna y externa para sostener crecimiento. Porque puedes tener el mejor plan financiero del mundo, pero si tu mente está llena de culpa y tus relaciones están llenas de tensión, abandonarás. No por falta de capacidad, sino por desgaste.

Cuando sanas tu relación emocional con el dinero, no te vuelves frío. Te vuelves libre. Libre de castigos internos. Libre de impulsos que buscan alivio rápido. Libre de conversaciones evitadas que acumulan resentimiento. Y esa libertad es el terreno donde un sistema se mantiene. No se trata de ser perfecto, se trata de sostener. Y sostener es el verdadero superpoder financiero.

Al final, el dinero no es el centro. El centro es tu capacidad de construir una vida que puedas sostener con calma. Para eso necesitas estructura técnica, sí. Pero también necesitas una mente que no se rompa por comparación, una identidad que te sostenga, rituales que te devuelvan al rumbo, métricas que te den progreso real, y conversaciones que creen alianza en vez de guerra. Con eso, no solo creces. Te mantienes. Y mantenerte es lo que, con el tiempo, hace que el crecimiento deje de ser un evento y se convierta en tu nueva normalidad.

Capítulo 8 — Entorno, Red y Oportunidad

Tu entorno decide más que tu intención: auditoría para cortar sabotaje silencioso

Hay una verdad incómoda que explica por qué tantas personas se prometen cambiar y, sin embargo, vuelven al mismo lugar: tu entorno gana más veces de las que tu voluntad puede resistir. No porque seas débil, sino porque eres humano. Puedes tener un plan perfecto, una visión clara, hábitos escritos, incluso disciplina. Pero si pasas tus días dentro de un ambiente que empuja en dirección contraria, tu sistema se erosiona sin que lo notes. El entorno no te sabotea con gritos; te sabotea con normalidad. Con conversaciones, con rutinas, con estímulos, con estándares invisibles. Y lo más peligroso de ese sabotaje es que no parece sabotaje. Parece vida.

Cuando digo "entorno" no hablo solo del lugar físico donde vives. Hablo de todo lo que te rodea y te programa: las personas con las que hablas, lo que consumes, el ritmo de tu semana, lo que se celebra, lo que se critica, lo que se tolera, lo que se considera "normal". Tu entorno determina qué decisiones se sienten fáciles y cuáles se sienten raras. Y el ser humano, por diseño, tiende a lo que se siente normal. No porque sea tonto, sino porque la pertenencia y la coherencia social son necesidades profundas. Por eso el entorno decide más que la intención: porque la intención es una idea, pero el entorno es una presión constante.

Piensa en hábitos sociales. Hay círculos donde gastar es el idioma principal. Salidas frecuentes, planes improvisados, consumo como forma de conexión. Si intentas construir margen en ese contexto sin una estrategia, te vas a sentir aislado o culpable. Te vas a decir que "no pasa nada" y vas a ceder, porque nadie quiere ser el que arruina el plan o el que parece "tacaño". No es maldad de los demás; es dinámica de grupo. Pero si tu sistema financiero depende de decir "no" diez veces por semana, tarde o temprano te cansas. No es sostenible. En cambio, si tu entorno normaliza planes simples, conversaciones profundas, actividades de bajo costo, la misma decisión se vuelve fácil. No hay fricción. Por eso, antes de culparte por no ahorrar, mira si tu vida está diseñada para gastar.

Luego está el consumo de información. El entorno digital cuenta tanto como el físico. Lo que ves cada día forma tu sensación de realidad. Si tu feed está lleno de lujo, ostentación, "hacks" financieros, promesas rápidas, gente que parece avanzar a velocidad imposible, tu mente se llena de ansiedad y comparación. Y la ansiedad por comparación suele empujar a dos extremos: gastar para sentirte "a la altura" o buscar inversiones impulsivas para "recuperar" tiempo. Ambas decisiones destruyen margen y criterio. El consumo constante de estímulos te convierte en alguien reactivo. Y el dinero, en manos reactivas, se va.

También existe la normalización de mediocridad o excelencia. Esta parte es sutil. Un entorno normaliza mediocridad cuando se ríe del esfuerzo, cuando critica a quien intenta mejorar, cuando llama "obsesión" a la disciplina, cuando celebra solo lo inmediato, cuando desprecia el largo plazo. En un entorno así, construir un sistema se siente raro, casi como un acto de arrogancia. Y eso puede activar culpa o vergüenza: "¿Quién me creo para hacer esto?" En cambio, un entorno normaliza excelencia cuando lo bueno se vuelve estándar: cumplir promesas, hablar con claridad, aprender, cuidar energía, mejorar habilidades, poner límites, pensar en futuro. No hace falta que todos sean millonarios; basta con que el entorno respete la construcción. Cuando eso ocurre, tu sistema se fortalece por contagio.

El punto central es este: no eres solo un individuo tomando decisiones. Eres un organismo dentro de un ecosistema. Y tu ecosistema te entrena. Si tu ecosistema está lleno de ruido, de gasto impulsivo, de queja permanente, de dramas repetidos, de hábitos que te drenan, tú vas a absorber eso. Puedes resistir un tiempo, pero resistir no es un plan de vida. El plan de vida es diseñar un entorno donde lo que quieres construir sea lo natural.

Por eso vamos a hacer una auditoría de entorno. No como un ejercicio moral, sino como una herramienta práctica para reducir sabotaje silencioso. La auditoría no consiste en juzgar a tus amigos o en borrar a medio mundo. Consiste en ver con honestidad qué cosas te empujan hacia tu mejor versión y qué cosas te empujan hacia tu versión automática. Y luego tomar decisiones claras: qué cortar, qué reducir, qué acercar, qué reemplazar.

La auditoría empieza por tres áreas: entorno social, entorno de consumo y entorno físico/temporal. En tu entorno social, hazte preguntas sin drama: ¿con quién me siento mejor después de pasar tiempo y con quién me siento drenado? ¿Qué personas normalizan gastar para calmar emociones? ¿Qué conversaciones me empujan a compararme? ¿Quién respeta mis límites y quién los ridiculiza? ¿Con quién puedo hablar de metas sin sentir vergüenza? ¿Quién me inspira a construir, aunque sea por su forma de vivir, no por su cuenta bancaria? No necesitas convertir a nadie en enemigo. Solo necesitas reconocer influencias.

Aquí aparece un concepto que cambia la vida: costo social. Algunas relaciones son caras no por el dinero directo, sino por la energía que consumen y la presión que generan. Hay amistades que, sin querer, te empujan a gastar, a salir cuando deberías descansar, a consumir cuando deberías construir. Hay relaciones que se alimentan de hábitos que te alejan de tu sistema. Y también hay relaciones que te sostienen: personas que entienden cuando dices que no, que celebran tus mejoras, que no te empujan a competir. El costo social es real. Si lo ignoras, tu sistema paga.

En el entorno de consumo, la auditoría es aún más directa. ¿Qué contenido te deja con claridad y qué contenido te deja con ansiedad? ¿Qué te educa de forma realista y qué te vende una fantasía? ¿Qué te inspira a actuar y qué te provoca FOMO? Tu mente no distingue siempre entre "solo estoy mirando" y "estoy programándome". Si todos los días consumes comparación, tu sistema emocional se vuelve inestable. Y cuando eres inestable, tu dinero se vuelve inestable. Por eso, parte de cortar sabotaje silencioso es cortar estímulos que te ponen en modo urgencia. No por censura, sino por higiene mental.

Luego está el entorno físico y temporal: tu casa, tu escritorio, tu teléfono, tu calendario. ¿Tu entorno facilita tus hábitos o te los complica? Si tu automatización está bien, pero tu teléfono te roba atención, pierdes bloques de foco y tus ingresos se estancan. Si tu cocina está desordenada y no tienes un sistema simple, gastas más en comida por improvisación. Si tu calendario está lleno de compromisos que no eliges, no tienes energía para construir. Todo esto parece "pequeño", pero lo pequeño repetido es el verdadero constructor de tu vida.

Después de observar, viene decidir qué cortar y qué acercar. Cortar no siempre significa eliminar. A veces significa reducir frecuencia. A veces significa cambiar el formato. Si ciertas salidas te rompen el presupuesto, quizá propones alternativas: planes en casa, caminatas, comidas sencillas, encuentros más cortos. Si cierta persona te empuja a gastar, quizá pones límites: "Hoy no puedo, estoy cuidando mis números". Si cierto contenido te enciende el FOMO, quizá lo dejas de seguir o lo limitas a un momento específico. Si cierto hábito de consumo te drena, quizá lo reemplazas: en vez de scroll nocturno, lectura breve, preparación de semana, descanso. La clave es reemplazo, no solo restricción. Porque el vacío sin reemplazo te hace volver al hábito viejo.

Acercar significa crear proximidad con lo que te sube el estándar. Proximidad no es idolatría. Es exposición intencional. Acercar puede ser pasar más tiempo con personas que respetan la construcción, unirte a una comunidad donde se hable de aprendizaje y oficio, buscar mentores o colegas con mentalidad de proceso, rodearte de ejemplos de vida estable, no solo de "éxito rápido". Acercar también puede ser físico: dejar a mano lo que te ayuda y lejos lo que te sabotea. Poner visible tu ritual de revisión, tu lista de espera, tu plan de práctica. Hacer que lo correcto sea lo fácil.

Un detalle importante: el entorno no solo te afecta por lo que hace, sino por lo que considera aceptable. Si tu entorno se burla de la disciplina, tú vas a sentir fricción al ser disciplinado. Si tu entorno celebra la improvisación, tú vas a sentirte raro por planificar. Si tu entorno normaliza la queja, tú vas a tener menos energía para crear. Por eso, parte de la auditoría es identificar estándares implícitos. ¿Qué está normalizado aquí? ¿La mediocridad como broma o la excelencia como costumbre? No se trata de volverte rígido. Se trata de elegir un ecosistema que no te empuje hacia abajo.

El outcome de esta subsección es sencillo y poderoso: menos sabotaje silencioso. Eso significa que tu sistema deja de pelear guerras invisibles todos los días. Dejas de depender de fuerza de voluntad para resistir presiones constantes. Tus hábitos se vuelven más ligeros porque el entorno los sostiene. Tu mente se calma porque no estás comparándote a cada minuto. Tu margen crece porque no estás gastando por pertenencia o por ansiedad. Y tus oportunidades aumentan porque, al cuidar entorno y red, te acercas a personas y espacios donde las oportunidades circulan.

En el fondo, esta sección es una invitación a tomar responsabilidad de algo que muchos consideran “dado”: tu ecosistema. No elegiste tus primeros entornos, pero puedes elegir los siguientes. Y cuando eliges tu entorno con intención, eliges también tu futuro, porque tu futuro no se construye con un gran acto heroico. Se construye con lo que te rodea todos los días, empujándote, suavemente, hacia la mediocridad o hacia la excelencia. Aquí tú decides hacia dónde.

Networking útil, no postureo: aportar primero, preguntar mejor, reputación con consistencia

Hay una palabra que a mucha gente le incomoda: networking. A veces porque suena a "hacer contactos" por interés. A veces porque evoca eventos con sonrisas falsas, tarjetas, frases aprendidas. A veces porque parece un juego para extrovertidos. Pero el networking real, el que crea oportunidades de verdad, no tiene nada que ver con postureo. Es más simple y más humano: es construir confianza con el tiempo. Es convertirse en alguien fácil de recomendar. Es estar presente en los lugares correctos, aportar valor antes de pedir, y hacer preguntas que muestran seriedad. El networking útil no es coleccionar nombres; es crear relaciones donde tu trabajo y tu forma de actuar hablan por ti.

La diferencia entre contactos y oportunidades es enorme. Un contacto puede ser alguien que conoces. Una oportunidad es alguien que piensa en ti cuando aparece un problema que tú puedes resolver. Esa transición no ocurre porque tú "te vendiste bien" una vez. Ocurre porque la otra persona cree que eres confiable, competente y consistente. Por eso, lo primero que hay que entender es que el networking útil es un producto secundario de tu reputación. Si tu reputación está fuerte, las puertas se abren con menos esfuerzo. Si tu reputación es débil o confusa, ninguna estrategia de networking la reemplaza.

Aportar primero es el principio más poderoso porque rompe la lógica transaccional. La mayoría llega a la gente con una energía de "necesito algo": un trabajo, un favor, un contacto, una recomendación. Esa energía se siente. No importa cuánto la disimules. Y cuando la gente siente necesidad, se protege. En cambio, cuando llegas aportando, generas una sensación distinta: "esta persona suma". Aportar no significa trabajar gratis sin criterio. Significa ser útil de forma inteligente: compartir un recurso que encaja, hacer una introducción relevante, señalar una oportunidad, dar feedback específico, ofrecer una idea clara, resolver una duda pequeña con generosidad. Aportar primero es sembrar. Y el networking es un campo donde la siembra casi siempre vuelve, aunque no siempre del mismo lugar.

Hay una manera muy práctica de evitar el postureo: enfócate en el problema del otro. Cuando conoces a alguien o cuando escribes un mensaje, la tentación es hablar de ti, de tu historia, de lo que haces. Eso puede tener su lugar, pero el networking que funciona empieza con curiosidad real: "¿En qué estás trabajando?" "¿Qué te está costando?" "¿Cuál es el objetivo este trimestre?" Si escuchas bien, verás dónde puedes aportar algo concreto. Y cuando aportas algo concreto, la relación se vuelve real. Deja de ser una pose y se convierte en intercambio humano.

Preguntar mejor es el segundo pilar. Mucha gente pregunta de forma vaga: "¿Algún consejo?" "¿Cómo lo hiciste?" "¿Qué recomiendas?" Ese tipo de preguntas ponen peso sobre la otra persona y suelen recibir respuestas genéricas. Preguntar mejor significa hacer preguntas específicas que muestran que ya hiciste parte del trabajo. Por ejemplo, en lugar de "¿Cómo consigo clientes?", una pregunta mejor sería "Estoy ofreciendo X a este tipo de clientes, probé estos dos canales y obtuve estos resultados; ¿ves un ajuste obvio en mi propuesta o en mi enfoque?" Esa pregunta demuestra seriedad, reduce el esfuerzo del mentor potencial y te da una respuesta útil. Además, te posiciona como alguien que ejecuta, no como alguien que espera que le regalen una fórmula.

Una regla simple para preguntar mejor es esta: antes de pedir tiempo, muestra evidencia. Evidencia de que trabajaste, de que probaste, de que pensaste. Puede ser un resumen corto de tu situación, un enlace a tu portafolio, un caso, una idea. No para presumir, sino para que la otra persona pueda ayudarte sin adivinar. La gente generosa existe, pero incluso la gente generosa se cansa de ayudar a personas que no hacen su parte. La pregunta bien formulada es una señal de respeto.

El tercer pilar es construir reputación con consistencia. Este es el networking que casi nadie ve, porque ocurre en silencio. Reputación se construye cuando cumples lo que dices, cuando entregas calidad, cuando eres claro, cuando no desapareces, cuando no inventas excusas, cuando te comportas igual en público y en privado. La reputación es una cuenta bancaria invisible: haces depósitos con cada acción confiable. Y con esa cuenta, un día puedes pedir un retiro en forma de recomendación u oportunidad, y la gente te la da sin dudas.

Consistencia también significa que tu presencia no es un fogonazo. Hay personas que aparecen cuando necesitan algo y desaparecen cuando lo consiguen. Eso deja un sabor raro. El networking útil es una relación continua, aunque sea con contactos espaciados. Un mensaje ocasional con algo útil. Una actualización breve. Un "vi esto y pensé en ti". Un reconocimiento genuino cuando alguien logra algo. No se trata de manipular. Se trata de mantener el vínculo vivo de forma natural.

Ahora, hablemos de mentores, porque aquí es donde mucha gente se pierde. Elegir mentores no es idolatrar a alguien exitoso. Es seleccionar a personas que tengan tres cosas: experiencia relevante en el camino que tú quieres recorrer, una forma de pensar que se alinee con tus valores y una disposición mínima a guiar sin explotarte. No necesitas un mentor perfecto. Necesitas alguien que esté algunos pasos adelante y que tenga claridad en lo que hace. Un buen mentor no te vende humo, te hace mejores preguntas. No te promete atajos, te muestra procesos. No te crea dependencia, te fortalece autonomía.

¿Cómo elegir mentores de forma inteligente? Observa señales. ¿Esa persona es consistente o solo brilla en momentos? ¿Tiene reputación limpia en su entorno o siempre hay drama alrededor? ¿Habla con matices o con absolutos? ¿Reconoce lo que no sabe o finge certeza total? ¿Sus resultados son verificables o solo narrados? ¿Su vida parece sostenible o parece una máquina de estrés? Estas preguntas importan porque no solo estás eligiendo conocimiento; estás eligiendo influencia. Y la influencia modela tu sistema.

También hay que hablar de cómo evitar gurús. Un gurú no es simplemente alguien que enseña; es alguien que se presenta como solución total. El gurú suele usar un lenguaje de superioridad, promesas demasiado buenas y una narrativa donde él tiene la clave que tú no tienes. Suele construir dependencia: "Si me sigues, te irá bien; si no, te quedas atrás". El gurú simplifica en exceso temas complejos, demoniza alternativas, y muchas veces mezcla educación con presión emocional. No digo que todo el mundo que vende cursos sea gurú. Digo que hay señales claras. Si alguien necesita que decidas rápido, si te promete resultados sin mostrar riesgos, si culpa al mundo y se presenta como salvador, si evita preguntas concretas, si su modelo de negocio parece más centrado en venderte a ti que en producir valor en el mundo, cuidado.

El networking útil te aleja de los gurús porque se basa en relaciones horizontales y en reputación. No buscas "una figura" que te valide; construyes un ecosistema de personas que comparten estándares. A veces un mentor aparece naturalmente dentro de ese ecosistema, porque ve tu consistencia. Y esa es la mejor forma: que el mentor te elija por tu trabajo, no que tú compres una promesa.

El outcome de esta subsección es que crees oportunidades reales, no solo contactos. Una oportunidad real nace cuando alguien confía en tu capacidad y en tu carácter. Nace cuando tu nombre se asocia a resultados, a claridad, a cumplimiento. Nace cuando tu propuesta es entendible y tu reputación es estable. Eso no se logra con postureo, se logra con aportes, preguntas bien hechas y consistencia.

Ética y riqueza: el juego largo se gana con confianza y reputación limpia

Hay un mito que flota alrededor del dinero: que para ganar de verdad tienes que ser agresivo, tramposo o, al menos, "flexible" con tus principios. Ese mito seduce porque ofrece una justificación para atajos. Pero en el juego largo, la ética no es un adorno; es una estrategia. Crecer sin techo requiere confianza, y la confianza se construye con reputación limpia. Puedes ganar una vez engañando, pero pierdes el activo más importante: la posibilidad de repetir. Y la riqueza sostenible se basa en repetir, no en un golpe aislado.

La ética aquí no se trata de ser perfecto o santo. Se trata de entender incentivos y consecuencias. Cuando actúas con integridad, reduces fricción. La gente confía más, negocia menos, recomienda más, te da segundas oportunidades, te incluye en proyectos sensibles. Cuando actúas con opacidad o manipulación, quizás ganes rápido, pero generas desconfianza. Y la desconfianza es cara. Te obliga a convencer más, a justificar más, a protegerte más, a vivir en defensiva. La desconfianza también viaja. Puede tardar, pero llega. Y cuando llega, te recorta oportunidades.

El dinero se mueve por redes. En cualquier industria, por grande que parezca, las reputaciones circulan. La gente habla. Los clientes comparan. Los socios recuerdan. Un comportamiento dudoso no se queda en un evento; se convierte en una etiqueta. Y las etiquetas definen precios. Una reputación limpia te permite cobrar más porque reduce riesgo percibido. Una reputación manchada te obliga a competir por precio o a esconderte detrás de marketing agresivo. La ética, entonces, no es solo moral; es economía.

Además, el juego largo requiere algo que muchos subestiman: tranquilidad interna. Hacer dinero a costa de traicionarte genera ruido mental. Quizá no lo notes al inicio, pero lo pagas con ansiedad, con relaciones tensas, con sensación de estar siempre cuidando una mentira. Ese ruido mental te quita foco, te quita energía, te quita creatividad. Es decir, te quita capacidad de producir valor. En cambio, cuando tu conducta está alineada con tus valores, tu mente tiene menos fricción. Y la fricción mental es uno de los costos más altos que existen, porque te roba la calidad de tu vida mientras intentas construirla.

Crecimiento sin techo significa que no estás intentando ganar una vez. Estás intentando construir un sistema que dure años. Un sistema que resista crisis, cambios de mercado, nuevas personas, nuevas etapas. Para eso necesitas confianza. Y la confianza se gana con consistencia y con verdad. No con perfección, con verdad. Ser claro sobre lo que ofreces, sobre lo que no ofreces, sobre los riesgos, sobre los límites. Cumplir lo que prometes. No vender lo que no puedes entregar. No manipular con urgencia. No usar información para explotar al otro. Estas decisiones parecen "más lentas" a corto plazo, pero a largo plazo son las más rentables.

Esto también conecta con tus inversiones y tus decisiones financieras. Las estafas se alimentan de gente que quiere certeza sin proceso. La ética te protege incluso ahí, porque te hace desconfiar de promesas imposibles y te empuja a elegir lo sostenible. Lo sostenible rara vez es lo más llamativo. Pero lo sostenible se puede repetir. Y lo que se puede repetir se compone.

El outcome de esta subsección es que entiendas una verdad que al principio parece contraintuitiva: la estrategia más rentable suele ser la más sostenible. Sostenible significa que no te destruye a ti, no destruye a otros y no destruye tu reputación. Significa que puedes mirar atrás sin vergüenza y mirar adelante sin miedo. Significa que tu crecimiento no depende de esconder cosas, sino de construir valor real y relaciones reales.

Cuando conectas ética y riqueza, dejas de pensar en el dinero como un juego de “ganadores y perdedores” y empiezas a verlo como un sistema de confianza y valor. Aportas, cumples, mejoras, construyes, inviertes con criterio, negocias con claridad. Y, con el tiempo, la gente lo nota. Las oportunidades llegan porque eres confiable. Y esa confiabilidad, en un mundo ruidoso, es un activo raro. Raro y valioso. Justo lo que multiplica.

En definitiva, el entorno y la red no son accesorios. Son multiplicadores. Un buen entorno reduce sabotaje. Una buena red amplifica oportunidades. Y una ética clara protege el juego largo. Con esas tres cosas, tu sistema de riqueza deja de depender de la motivación o de la suerte. Empieza a depender de algo mucho más poderoso: una reputación limpia que abre puertas mientras tú sigues construyendo.

Conclusión: Plan 30-60-90 Sin Techo

Llegaste hasta aquí y, si has leído con atención, ya no puedes mirar el dinero como antes. No porque ahora tengas una "fórmula secreta", sino porque tienes algo mejor: un sistema. La riqueza sin techo no es un número que alcanzas y listo, es una forma de operar. Es la capacidad de convertir tu energía en valor, tu valor en propiedad y tu propiedad en opciones. Y esa capacidad se construye, se entrena y se sostiene. No necesita perfección. Necesita continuidad.

A lo largo del libro has ido armando piezas que, por separado, parecen sencillas, pero juntas forman un "sistema operativo" completo. La primera pieza fue la mentalidad correcta: dejar de buscar atajos y entender el juego real. Entendiste que el dinero no es solo matemática; es historia personal, creencias heredadas, emociones que se convierten en hábitos. Viste que tu mapa del dinero no se define por lo que deseas, sino por lo que repites. Y cuando reconoces ese mapa, dejas de pelear con el síntoma y empiezas a intervenir en la causa.

Luego construiste hábitos automáticos, porque el sistema no se sostiene con promesas ni con motivación. Se sostiene con diseño. Registrar, revisar y automatizar fueron tus tres pilares de estabilidad. No eran "tareas administrativas"; eran higiene financiera. Con eso creaste previsibilidad, y la previsibilidad te devolvió calma, y la calma te devolvió criterio. Además, aprendiste hábitos de alta palanca para reducir fugas y recuperar control sin vivir en modo policía: plantillas para evitar decisiones repetidas, bloques de foco para proteger tu atención y reglas anti-impulso para que el deseo no te maneje. Entendiste que la disciplina real no es tensión, es estructura.

Después vino el crecimiento de ingresos con palancas. Viste la ecuación que casi nadie enseña con claridad: los ingresos suben por habilidades raras, reputación, distribución y negociación. Dejar de vender tiempo y empezar a vender resultados te cambió el lenguaje, la confianza y el valor percibido. Aprendiste que no se trata de hacer más, sino de hacer lo que escala: ajustar precio, aumentar volumen con sistema, empaquetar ofertas y mejorar conversión/retención. Y también diste un paso psicológico clave: dejar de sabotearte al cobrar. Con evidencia, casos, límites y comunicación, la negociación dejó de ser una pelea con tu autoestima.

Con más ingresos y mejores hábitos, apareció el puente hacia la riqueza real: pasar de ingreso a activos. Ahí comprendiste una idea que vale más que muchos cursos: el margen es poder. Es el espacio entre lo que ganas y lo que gastas, la distancia que te compra opciones. Sin margen, cualquier estrategia es frágil. Con margen, el tiempo trabaja contigo. Y para no improvisar, construiste un mapa de categorías: liquidez para protección, inversión diversificada para composición, activos productivos para aumentar capacidad y flujo, negocio/propiedad intelectual para expansión. No como receta, sino como marco para decidir según horizonte y tolerancia real al riesgo.

Luego llegó la parte que convierte el crecimiento en algo sostenible: riesgo, protección y antifrágil. Entendiste que fondo de emergencia, deudas y seguros no son aburrimiento: son infraestructura. Son el piso que evita que una mala semana te rompa. Aprendiste a medir el riesgo con diversificación, límites por apuesta y reglas de salida, porque el riesgo sin reglas se vuelve emoción, y la emoción, sin frenos, se vuelve pérdida. También aprendiste a ver fraudes, hype y FOMO por lo que son: mecanismos que quieren secuestrar tu urgencia. En ese punto, tu sistema dejó de depender de "adivinar" y empezó a depender de proceso.

Después trabajaste la estrategia mental para no caer. Porque muchos sistemas fallan no por falta de información, sino por interpretación. La comparación, la impaciencia y la autoexigencia rompen planes buenos cuando convierten un mal día en un veredicto. Por eso aprendiste a planificar recaídas y a distinguir disciplina de castigo. Sumaste herramientas de consistencia: identidad real ("soy alguien que…"), rituales de revisión y métricas de proceso. Y abordaste la parte más delicada: la relación emocional con el dinero. Culpa, miedo a perder, miedo a ganar, conversaciones difíciles. Reduciste fricción interna y externa para sostener crecimiento sin destruir tu vida.

Finalmente, construiste el componente que multiplica todo lo anterior: entorno, red y oportunidad. Viste que el entorno decide más que la intención y que el sabotaje silencioso suele venir de normalidades mal elegidas. Hiciste una auditoría para cortar lo que te drena y acercar lo que te eleva. Aprendiste networking útil, sin postureo: aportar primero, preguntar mejor y construir reputación con consistencia. Y conectaste ética con riqueza: en el juego largo, la estrategia más rentable suele ser la más sostenible, porque la confianza es un activo raro. Con todo eso, ya no estás armando un plan; estás armando una vida.

Ahora, la pregunta es: ¿qué haces desde mañana? Aquí es donde entra el Plan 30-60-90 Sin Techo. No es un reto heroico ni un sprint de productividad. Es una secuencia diseñada para crear base, luego expansión, luego composición. La clave es no saltarte pasos. Porque lo que te hará "sin techo" no es la intensidad, es el orden correcto repetido con calma.

En los primeros 30 días, tu objetivo es margen y hábitos. No intentas dominarlo todo. Construyes el piso. Instalas el sistema mínimo y lo mantienes sin drama. Registras lo esencial para que el dinero deje de ser un misterio. Haces una revisión semanal fija, corta, pero sagrada. Automatizas el ahorro o la inversión como una factura, aunque sea pequeña. Y, sobre todo, creas margen: reduces fugas obvias y estabilizas tu base. La métrica principal aquí no es cuánto ganaste; es cuánta previsibilidad construiste.

Mide cosas simples que no te obsesionen: cuántos días registraste, cuántas revisiones semanales hiciste, si la automatización se ejecutó, cuál fue tu margen estimado al final del mes, aunque sea aproximado. Si logras eso, ya cambiaste tu trayectoria, porque dejaste de vivir a ciegas.

En los siguientes 60 días, el foco es una palanca de ingresos. No diez. Una. Eliges una habilidad monetizable o una mejora concreta en tu oferta, tu rol o tu propuesta de valor. Definirás un plan de práctica que puedas sostener y lo pondrás en un bloque de foco repetible. Aquí la métrica no es "me hice rico"; la métrica es ejecución y evidencia. ¿Cuántas horas de práctica real hiciste? ¿Cuántos entregables creaste? ¿Cuántas conversaciones de venta o negociación tuviste? ¿Cuántas propuestas enviaste? ¿Qué aprendiste del feedback? También puedes medir señales indirectas: más claridad en tu mensaje, más respuestas, más reuniones, más confianza en tu oferta. Lo importante es que en 60 días hayas avanzado lo suficiente como para que tu ingreso potencial aumente por estructura, no por azar.

En los 90 días, empiezas a consolidar activos y gestión de riesgo, sin abandonar los hábitos base. Con el margen creado y la palanca de ingreso en marcha, decides cómo asignar ese excedente con un mapa, no con impulso. Refuerzas liquidez si tu vida lo necesita, avanzas en inversión diversificada si tu horizonte lo permite, inviertes en activos productivos si eso mejora tu flujo, y revisas tu exposición al riesgo para que el sistema no dependa de una sola apuesta. Aquí también instalas reglas: límites por apuesta, reglas de salida, y un ritual de revisión mensual más amplio además de la revisión semanal. Las métricas en esta etapa siguen siendo simples: consistencia de revisiones, porcentaje aproximado de margen destinado a activos, nivel de liquidez base, reducción de deudas si aplica, cumplimiento de límites de riesgo. No necesitas una hoja perfecta. Necesitas visibilidad y continuidad.

Este plan tiene un propósito: que avances sin obsesión. La obsesión suele parecer disciplina, pero es ansiedad con traje de productividad. La riqueza sin techo se construye mejor con calma, porque la calma permite decisiones repetibles. Si un día fallas, no reinicias desde cero. Vuelves al mínimo. Si un mes se complica, no quemas el sistema. Ajustas y sigues. Tu progreso no lo define tu semana perfecta; lo define tu capacidad de regresar.

Y ahora el cierre. La llamada a la acción es simple, pero no fácil, porque lo simple requiere decisión. Elige una regla clave que proteja tu sistema. Puede ser la regla de veinticuatro horas antes de compras no esenciales. Puede ser "me pago primero" con automatización. Puede ser "no toco mi fondo de emergencia salvo emergencia real". Elige un hábito mínimo que puedas hacer incluso en tu peor semana razonable: registrar lo básico, o revisar cinco minutos, o proteger un bloque de foco. Y elige una revisión semanal fija, siempre el mismo día, siempre con el mismo tono: neutral, curiosa, orientada a un ajuste pequeño. Esa revisión es tu volante.

Si haces solo eso, ya estás dentro del juego correcto. Porque el juego correcto no premia el entusiasmo inicial; premia la consistencia. La idea central de este libro se puede decir en una frase: riqueza infinita no es suerte, es sistema más tiempo más consistencia. Sistema sin tiempo es ansiedad. Tiempo sin sistema es deriva. Consistencia sin sistema es cansancio. Pero cuando juntas las tres, ocurre algo que parece magia y no lo es: la composición empieza a trabajar.

No estás buscando un golpe. Estás construyendo un camino. No necesitas demostrar nada a nadie. Necesitas sostenerte a ti. Y eso es lo que te deseo al cerrar estas páginas: que elijas lo pequeño que puedes repetir, que lo protejas con estructura, que lo sostengas con calma, y que dejes que el tiempo haga su trabajo. Porque la riqueza sin techo no llega como un evento. Se vuelve tu nueva normalidad cuando tú te vuelves una persona con sistema. Y esa persona empieza mañana.

www.ingramcontent.com/pod-product-compliance
Lightning Source LLC
LaVergne TN
LVHW020644100826
845148LV00012B/2326

* 9 7 9 8 8 9 8 6 0 7 2 3 4 *